ALFAGUARA INFANTIL

www.librosalfaguarainfantil.com

ALFAGUARA

www.librosalfaguarainfantil.com

Torrelaguna, 60. 28043 Madrid
Teléfono 91 744 90 60

• Ediciones Santillana, S.A.
Leandro N. Alem 720
C1001AAP - Ciudad de Buenos Aires
Argentina

• Editorial Santillana, S. A. de C.V.
Avda. Universidad, 767. Col. Del Valle, México D.F. C.P. 03100

• Distribuidora y Editora Aguilar, Altea, Taurus, Alfaguara, S. A.
Calle 80, nº 10-23, Bogotá. Colombia

ISBN: 978-84-204-6485-5
Depósito legal: M-7.577-2011
Printed in Spain - Impreso en España por
Rógar, S. A. Navalcarnero (Madrid)

Primera edición: marzo 1994
Vigésima séptima edición: febrero 2011

Diseño de la colección:
Manuel Estrada

La magia más poderosa

Carlo Frabetti
Ilustraciones de Araceli Sanz

ALFAGUARA

A Pilar Careaga
y M.ª José Gómez-Navarro,
que comprendieron antes que yo
que tenía que escribir este libro.

El octavo enano

—¡Malditos enanos, soltadme! —gritaba la vieja, debatiéndose inútilmente por librarse de las cuerdas que la sujetaban al árbol.

—Grita todo lo que quieras, bruja del demonio —le contestó uno de los enanos, aquél al que llamaban Gruñón, depositando a sus pies una gran rama seca—. Pronto arderás en el infierno.

Uno tras otro, seis de los enanos fueron poniendo alrededor de la anciana los trozos de leña que habían recogido por los alrededores, mientras el séptimo, que era el más viejo, y al que llamaban Sabio, permanecía inmóvil con una antorcha en la mano, iluminando la siniestra escena.

Cuando la leña estuvo apilada alrededor de la vieja, formando un montón que le llegaba casi hasta la cintura, Sabio se acercó y, sin decir palabra, inclinó la antorcha para encender la hoguera.

—¡Malditos seáis mil veces, enanos repugnantes! —aulló la anciana al ver cómo las llamas empezaban a rodearla.

Los siete enanos se retiraron unos pasos, contemplando en silencio el terrible espectáculo. Estaba anocheciendo y las llamas proyectaban sombras fantasmagóricas, como si el bosque hubiera cobrado vida y los árboles estuvieran bailando una danza macabra alrededor de la hoguera, sin otra música que los gritos de la vieja y el crepitar del fuego.

De pronto, una de las danzantes sombras pareció cobrar vida y, abalanzándose sobre la hoguera, empezó a dispersar las ramas ardientes con frenéticos movimientos.

Los enanos retrocedieron asustados, pensando que se trataba de algún hechizo de la bruja.

—¡Ha llamado a un demonio en su ayuda! —gritó el enano al que llamaban Dormilón, que ahora estaba bien despierto y con los ojos desorbitados por el espanto.

—Calma —dijo Sabio—. No es un demonio. Es un enano como nosotros.

—Como vosotros, no, afortunadamente

—replicó el aludido—. Yo no soy un loco incendiario ni un asesino de ancianas.

El que había dispersado las llamas era un enano de mediana edad, bastante fornido, de hirsuto cabello rojo y barba aún más hirsuta.

Sabio, sin perder la calma, se acercó al recién llegado.

—Nos juzgas mal, hermano —le dijo—, y te comprendo, puesto que no conoces los terribles hechos que nos han llevado a esta situación. Pero has de saber que esa vieja es una malvada bruja, y que acaba de matar a la más dulce y bondadosa de las doncellas.

—¡Mientes, enano miserable! —gritó la anciana, tosiendo ruidosamente a causa del humo, pues aunque ya no corría peligro de morir abrasada, algunas ramas secas seguían ardiendo cerca de ella.

—¿Una bruja? Muy interesante —dijo el enano pelirrojo—. Sabed, hermanos, que mi nombre es Ulrico, y soy un infatigable cazador de brujas.

—Pues vuelve a poner la leña a su alrededor, maldito entremetido —le espetó Gruñón—, y vamos a quemarla de una maldita vez.

—No se puede condenar a una bruja, ni a nadie, sin un juicio justo —replicó Ulrico—. ¿De qué la acusáis exactamente?

—Ya te lo he dicho —contestó Sabio—. Ha matado a nuestra amiga Blanca, la más bondadosa...

—No le creas, Ulrico —le cortó la vieja—. Yo sólo le he dado una manzana.

—Sí, una manzana envenenada, bruja del demonio —gritó Gruñón.

—¿Cómo sabéis que la manzana estaba envenenada? —preguntó Ulrico.

—Muy sencillo —contestó Sabio—. Blanca ha muerto después de comerla. Un solo bocado ha bastado para matarla.

—Mucha gente muere después de comer algo —observó Ulrico—. Bien mirado, se puede decir que todo el mundo muere después de comer, ya que siempre hay una última comida anterior a la muerte. Y eso no significa necesariamente que esa última comida esté envenenada.

—¿Y cómo querías que lo comprobáramos, sabiondo? —le increpó Gruñón—. ¿Probándola nosotros, a ver si nos moríamos también?

—Eso no hubiera sido nada razonable —contestó Ulrico tranquilamente—. Puesto que sospecháis de esta mujer, podríais haberle hecho comerse el resto de la manzana. Así, si era culpable, habría muerto víctima de su propio veneno.

—Tienes razón —admitió Sabio—, eso hubiera sido lo más justo. Pero como a las brujas siempre se las quema...

—Bien, afortunadamente vuestro error no ha sido irreparable —dijo Ulrico—. ¿Dónde está esa manzana?

—En casa —contestó Sabio—, en el plato donde Blanca la ha dejado. Nadie se ha atrevido a tocarla, por si acaso.

—Pues vamos para allá y acabemos de una vez con este desagradable asunto —propuso Ulrico.

La casa de los siete enanos estaba situada en un claro del bosque. Era una sólida construcción de adobe, maciza y achaparrada como sus moradores, con tejado de doble vertiente y una chimenea tan grande que casi parecía un torreón.

Cuando llegaron ya era completamente de noche, y la casa sólo estaba iluminada por dos velas que ardían a los lados del improvisado ataúd de Blanca. Era una joven muy hermosa, y de una palidez tan acusada que hacía honor a su nombre.

Mientras los enanos obligaban a la presunta bruja a comerse el resto de la manzana presuntamente envenenada, cosa que la anciana hizo sin ofrecer resistencia, Ulrico examinó a la hermosa difunta, e incluso le levantó un párpado para observar su pupila a la luz de la vela.

—No parece muerta, sino sólo dormida —dijo Dormilón con los ojos llenos de lágrimas, acercándose al ataúd.

—Efectivamente, no parece muerta —confirmó Ulrico—. ¿Y sabes por qué? Porque no lo está.

Al oír tan extraordinaria afirmación, todos los enanos se arremolinaron alrededor del ataúd, mirando a Blanca con expectación.

—¿Quieres decir que sólo está... encantada? —preguntó Dormilón.

—Algo así —contestó Ulrico—. Algunos magos doctos en el arte de la medicina lo llaman catalepsia. Es un estado en el que la respiración y el pulso parecen detenerse, pero sin llegar a la muerte.

—¿Crees que si la besara un príncipe azul volvería a la vida? —preguntó tímidamente el enano al que llamaban Mimoso.

—Los besos de príncipe no tienen por qué ser mejores que los de enano —replicó

Ulrico, y acto seguido se inclinó sobre Blanca y la besó en los labios.

Ante el estupor de los siete enanos, el pecho de Blanca se elevó levemente, como si comenzara a respirar. Durante unos minutos que parecieron interminables, Ulrico permaneció inclinado sobre Blanca, hasta que al fin se irguió con una sonrisa triunfal. Blanca respiraba de forma lenta y casi imperceptible, y permanecía inmóvil y con los ojos cerrados, como sumida en un profundo sueño, pero, indudablemente, estaba viva.

Los siete enanos rodearon a Ulrico riendo y llorando de alegría, abrazándolo y besándolo sin parar y colmándolo de elogios.

—Basta, basta, queridos hermanos —rogó al fin Ulrico—, me vais a asfixiar y entonces seré yo el que necesite un príncipe azul para que me reviva.

—¿Cómo lo has hecho? —preguntó Sabio cuando se hubieron calmado un poco—. ¿Eres acaso un poderoso mago?

—Qué más quisiera yo —contestó Ulrico—. Aspiro a desentrañar algún día los secretos de la magia, pero lo que acabáis de ver no tiene nada de extraordinario, y hasta un niño podría hacerlo. En la lejana India conocen esta técnica desde hace siglos. Consiste, sencillamente, en soplar por la boca de alguien que no respira para llenar sus pulmones de aire y hacer que vuelva a respirar. A veces funciona, aunque sólo si la víctima no está muerta de verdad...

—¡La bruja se ha escapado! —gritó de pronto Gruñón.

Efectivamente, aprovechando la escasa luz y el alborozo creado por la «resurrección» de Blanca, la anciana se había escabullido fuera de la casa.

—¿Qué más da? —dijo Ulrico—. Puesto que Blanca no está muerta, no había motivo para retenerla.

—Puede que la manzana estuviera envenenada después de todo —objetó Sabio—, pero como Blanca sólo dio un bocado, el veneno no fue suficiente para matarla, sino sólo para dejarla en ese estado de muerte aparente.

—En ese caso, puesto que le habéis hecho comer el resto de la manzana, no llegará muy lejos.

—Se derrumbará en medio del bosque, víctima de su propio veneno —sentenció Gruñón.

—Y ahí se quedará hasta que pase un príncipe azul y le dé el beso de la vida —añadió Dormilón con un bostezo, provocando una carcajada general.

La bruja Ágata

Al alba, Ulrico se levantó sigilosamente y, tras comprobar que Blanca seguía respirando con normalidad, salió de la casa de los siete enanos sin despertarlos.

A la pálida luz del amanecer siguió el rastro de la anciana. Aunque era un hábil rastreador, no le fue fácil seguir las huellas de la presunta bruja en medio del bosque, y tardó toda la mañana en llegar a la cueva que le servía de vivienda.

La boca de la cueva, disimulada con tupidos matorrales y enredaderas, estaba tapada con una gran roca.

«¿Cómo hará esa anciana para mover esta roca tan grande?», pensó Ulrico asombrado.

La respuesta le llegó enseguida, pues la falsa roca se abrió y el enano pudo ver que era una puerta de madera pintada por fuera de forma que pareciera de piedra. La anciana le miró fijamente desde el umbral.

—¿Por qué me has seguido hasta aquí? —preguntó con voz áspera—. ¿Qué quieres, enano?

—Vaya, ¿así me agradeces que te haya salvado la vida? —le reprochó Ulrico.

—Ayer dijiste que eras un cazador de brujas, y hoy me has seguido hasta mi casa. No tengo motivos para estar contenta de tu visita.

—Entonces, ¿por qué me has abierto la puerta?

La anciana enarcó las cejas y soltó una risita.

—Por curiosidad —contestó—. Eres un enano muy extraño.

—Pues por la misma razón te he seguido yo. Tú también eres una mujer muy extraña, y yo soy curioso como tú.

—¿Y qué quieres averiguar? —preguntó ella con recelo.

—Si eres realmente una bruja.

—¿Para cazarme? —rio la vieja.

—Yo sólo cazo ideas —dijo Ulrico—. Ya ves que no llevo más arma que mi pluma.

Efectivamente, el gorro del enano iba adornado con una pluma de ganso cuya punta, afilada y negra de tinta, se veía que era usada para escribir.

—Ésa es el arma más peligrosa de todas —dijo la anciana con su peculiar risita, apartándose de la puerta para franquearle el paso al enano—. Anda, pasa, a ver si consigues cazar algo. Que nadie pueda decir que la bruja Ágata es una desagradecida.

—Así que es cierto que eres una bruja —comentó Ulrico pasando al interior de la cueva.

Un gran orificio en el techo de la caverna hacía de tragaluz, y unas cuantas velas en otros tantos salientes de la roca completaban la iluminación. Por todas partes había frascos llenos de líquidos multicolores, ramilletes de plantas secas, tarros rebosantes de minerales pulverizados. Y libros. Muchos libros.

—Así que eres una bruja —repitió Ulrico, mirando a su alrededor.

—Depende —dijo ella, con un encogimiento de hombros—. Si una bruja es una mujer que tiene tratos con el demonio, como creen algunos, no lo soy. No sé si existe el demonio, pero, desde luego, yo no he tenido el gusto de conocerlo. Pero si una bruja es una mujer que usa las plantas para curar enfermedades, o para alegrar el ánimo, o para tener dulces sueños..., entonces, sí, soy una bruja y estoy orgullosa de serlo.

—¿Cómo has aprendido a usar las plantas, y qué prodigios puedes hacer con ellas? —preguntó Ulrico.

—El prodigio que haré ahora mismo con las plantas será una buena infusión para entrar en calor, que está refrescando. Siéntate, Ulrico, cazador de brujas.

Ágata echó unos polvos en un brasero que había bajo la abertura del techo y las llamas se avivaron al instante. Luego puso un recipiente de cobre lleno de agua sobre las llamas y echó dentro un puñado de hierbas.

Poco después, el enano y la bruja estaban sentados frente a frente, saboreando una aromática infusión endulzada con miel silvestre.

—Me has preguntado cómo he aprendido a usar las plantas —dijo Ágata—, y te lo voy a decir. La respuesta es sencilla: aprendí de mi madre, que a su vez aprendió de mi abuela. Y de los libros de mi madre, que antes fueron de mi abuela, y antes aún de mi bisabuela, y de la bisabuela de mi bisabuela... Es una sabiduría que viene de antiguo, y cada generación de brujas, como nos llaman, la amplía y profundiza en ella. Mira, Ulrico, éste es mi verdadero

maestro, y no Satanás, como creen algunos.

Ágata le tendió un grueso libro de tapas de madera que parecía viejísimo. Ulrico lo abrió y en la primera página leyó un nombre que no le era desconocido.

—Dioscórides —dijo—, el famoso médico griego del siglo primero.

—No tan famoso —replicó la anciana—. Muy pocos lo conocen hoy día, y menos aún han leído sus escritos sobre plantas.

—Tienes razón —admitió Ulrico—. Yo mismo sabía de su existencia, pero nunca había visto un libro suyo.

—Dioscórides recopiló pacientemente todo lo que se sabía en su época, que no era poco, pues la humanidad viene usando las plantas medicinales desde la noche de los tiempos. Y nosotras, las brujas, continuamos esa labor milenaria.

—¿Y de qué prodigios sois capaces?

—Hace un momento me has visto avivar las llamas con unos polvos verdes. ¿Te parece eso un prodigio?

—No —contestó el enano—. No soy muy ducho en alquimia, pero sé que ciertas mezclas de salitre, azufre y carbón en polvo se inflaman con facilidad y producen violentas llamaradas. Los chinos utilizan esos polvos desde antiguo.

—Muy pocas personas saben eso. La mayoría de la gente ni siquiera sabe que existen los chinos. Y muchos pensarían que esos polvos son mágicos, ya que normalmente el polvo apaga el fuego en vez de avivarlo. Cuando los antiguos romanos llegaron a África encontraron pueblos que no conocían la rueda y que consideraban magia encender fuego concentrando los rayos del sol con un espejo cóncavo... Magia, querido Ulrico, es, sencillamente, aquello que no se comprende.

—Está bien —dijo Ulrico—, entonces te lo preguntaré de esta manera: ¿puedes hacer algo que me resulte tan incomprensible como para que me parezca magia?

—Tal vez —rio Ágata—, tal vez...

Y entonces la cueva y todo lo que había en ella pareció comenzar a girar alrededor de Ulrico, cada vez más deprisa, mientras Ágata reía y reía...

La princesa Blanca

Lo despertó una mano que lo zarandeaba suavemente.

—Vamos, despierta, eres aún más dormilón que yo.

Ulrico abrió los ojos y vio la cara sonriente de Dormilón.

—¿Y Ágata?

—¿Ágata?

—La... bruja.

—Ah, la bruja. Estoy tan contento que hasta me había olvidado de ella —dijo Dormilón con su eterna cara de despiste—. Se escapó anoche, ¿no te acuerdas?

—¿Dices que se escapó *anoche*? —exclamó Ulrico, incorporándose de un salto. Estaba en el dormitorio común de los siete enanos, en la cama supletoria que habían sacado para que se quedara a dormir con ellos, y llevaba puesto el camisón y el gorro de dormir que le había prestado Sabio.

—Pues claro, ¿no te acuerdas?

—¿Quién me ha traído hasta aquí? —preguntó Ulrico confuso y aturdido.

—¿Cómo que quién te ha traído? Subiste tú solo. Si eras el único que no estaba borracho... Anda, levántate, te espera una sorpresa.

Mientras se vestía atropelladamente, Ulrico intentó poner orden en su cabeza. Recordaba perfectamente que se había levantado al amanecer, había seguido el rastro de la bruja y había llegado a su cueva. Recordaba cada detalle de su conversación con ella, los frascos llenos de líquidos multicolores, el brasero, su súbito mareo... Y ahora se encontraba de nuevo en la habitación de los enanos, como si todo aquello hubiera sido un sueño.

Cuando, aún aturdido y confuso, bajó al piso inferior del brazo de Dormilón, lo recibió un coro de vítores y aplausos.

Los enanos estaban sentados alrededor de la mesa, con un humeante desayuno a base de leche y tortas de avena con miel. Y a la cabecera de la mesa estaba Blanca, radiante de belleza, con el rostro iluminado por la más dulce de las sonrisas.

Por un momento, Ulrico olvidó su confusión y su malestar y se sintió el más feliz de los enanos. Y cuando Blanca fue a su encuentro, lo abrazó y lo besó en la frente, pensó que estaba en el mismísimo paraíso.

—Ulrico, mi salvador —dijo la joven, con la más melodiosa de las voces—. ¿Cómo podré agradecerte lo que has hecho por mí? Y, sobre todo, ¿cómo podremos agradecerte todos nosotros que evitaras la muerte de esa pobre anciana?

El enano la miró a los ojos y sintió una punzada de dulzura tan intensa que resultaba casi dolorosa.

—Blanca... —musitó, y no pudo decir nada más.

El guardabosque real

El rastro de la anciana había desaparecido por completo, pero Ulrico recordaba bien el camino. Si todo había sido un sueño, ¿cómo explicar que la realidad se correspondiera de forma tan exacta con lo que había soñado?

Y allí estaba la cueva, oculta por los matorrales y la cortina de enredaderas.

Se acercó cautelosamente, esperando encontrar cerrada la puerta de falsa roca, pero no había tal puerta. Ni ninguna otra cosa. La cueva era tal como la recordaba, con su abertura en el techo a modo de tragaluz y sus sombríos recovecos, pero estaba completamente vacía. Los libros polvorientos, los tarros llenos de misteriosas sustancias, el brasero, los recipientes de cobre..., todo había desaparecido sin dejar rastro.

El leve sonido de una flauta lo sacó de su ensimismamiento. Se volvió bruscamente y vio, a la entrada de la cueva, a Mudo, el más joven de los siete enanos. Al contrario que sus compañeros, que llevaban todos largas barbas, Mudo era completamente calvo y lampiño, lo cual, unido a su baja estatura y su cabeza comparativamente grande, le daba un aspecto infantil. Siempre llevaba consigo su pequeña flauta de madera, con la que lograba comunicar los más variados mensajes.

—Hola, Mudo, ¿qué haces aquí? —preguntó Ulrico asombrado.

Mudo tocó las primeras notas de una conocida balada cuya letra decía:

Te seguiré, te seguiré,
pues tu camino es mi camino...

—Sí, ya veo que me has seguido —dijo Ulrico—. Aunque, ya ves, el viaje ha sido en vano... Dicen que hay magos... y brujas... que pueden hacernos soñar lo que desean, y hacernos creer que esos sueños han sido realidad.

Mudo tocó en su flauta otra conocida canción que decía:

La vida es como un sueño
y todo es ilusión...

—Sí —dijo Ulrico—, pero hay distintas clases de ilusión, y yo quisiera saber de qué clase es la que acabo de sufrir... ¿Qué sabéis de la bruja Ágata?

Mudo se encogió de hombros, y luego, con expresivos gestos, le indicó a Ulrico que se olvidara de ella.

—¿Olvidarme de ella? Me sería tan difícil como olvidar la sonrisa de Blanca... Esa anciana representa la sabiduría oculta que persigo desde hace años. Estoy convencido de que conoce misterios que yo daría cualquier cosa por conocer. Tengo que encontrarla como sea.

Mudo arrancó de su flauta una nota lastimera. Ulrico lo miró y vio el miedo en sus ojos.

—Tú sabes algo, Mudo. Cuéntamelo, te lo ruego.

Mudo negó enérgicamente con la cabeza y echó a correr hacia la boca de la cueva. Ulrico lo siguió, pero no pudo alcanzarlo, pues el joven enano corría con la rapidez de una liebre, y a los pocos segundos había desaparecido en la espesura del bosque.

Ulrico estuvo varias horas explorando los alrededores en busca de algún indicio, de alguna pista que revelara la presencia de la bruja Ágata, pero no encontró nada. Al fin, decidió volver a la casa de los siete enanos, y hacia allí se encaminó con la cabeza llena de ideas extrañas y confusas.

Al llegar, se encontró con otra sorpresa. La casa estaba vacía, como si nadie viviera allí. No sólo habían desaparecido Blanca y los enanos, sino también la ropa, los enseres, los utensilios de cocina... ¿Había sido otro sueño su encuentro con los siete enanos y su bella protegida? Ulrico se sentía como si tuviera un avispero dentro de la cabeza, tal era su malestar y su confusión.

«Calma, calma, no ha sido un sueño», se dijo a sí mismo. «Lo que ocurre es que han tenido que irse apresuradamente.»

Buscó sus huellas por los alrededores de la casa, pero no las encontró. Sin embargo, eso no significaba gran cosa: los enanos, del mismo modo que eran hábiles rastreadores, también eran muy hábiles en borrar su propio rastro para que nadie pudiera seguirlo.

Únicamente encontró unas huellas recientes, pero eran de un hombre solo; y no de un enano, sino de un hombre muy corpulento, a juzgar por el tamaño y la profundidad de las marcas. A falta de otra pista, Ulrico decidió seguir aquellas huellas y averiguar quién había estado allí.

Por la separación de las pisadas se veía

que aquel hombre avanzaba a grandes pasos, y debía llevarle bastante delantera. Ulrico fue lo más rápido que le permitían sus cortas piernas, y por fin divisó a un hombretón de anchas espaldas que llevaba al hombro un arco y un carcaj lleno de flechas y un gran cuchillo de cazador al cinto.

El enano dudaba entre presentarse al hombre abiertamente o continuar siguiéndolo oculto entre los árboles, pero el otro resolvió la situación por él, pues se volvió de pronto y gritó con voz de trueno:

—¿Quién anda ahí? Sal, si no quieres que vaya a buscarte.

—Calma, amigo —dijo Ulrico saliendo de detrás de un árbol con las manos en alto—. Vengo en son de paz.

—¿Qué haces aquí, insensato? —dijo el cazador al verle—. ¿Por qué no te has ido con los demás?

Ulrico comprendió que el hombretón le había tomado por uno de los siete enanos, y por sus palabras dedujo que no era un enemigo, lo cual le tranquilizó mucho, dado el tamaño del cazador.

—No soy uno de los enanos —dijo Ulrico—. Quiero decir, no soy uno de los siete enanos, ni sé adónde han ido.

—Es verdad —dijo el cazador acercándose—. Tú tienes el pelo rojo.... Entonces, debes de ser Ulrico.

—Ése es mi nombre, en efecto.

—Bendito seas, Ulrico —dijo el cazador cogiéndole la mano y apretándola calurosamente entre sus manazas—. Sé que has salvado a la princesa Blanca y te bendigo mil veces por ello. Pero entonces tú también corres peligro. La reina te mandará buscar...

—¿La reina? ¿Qué reina?

—Crudelia, naturalmente.

—Oye, amigo, aunque te cueste creerlo, ha ocurrido todo tan deprisa que no me he enterado de casi nada. ¿Te importaría contarme qué demonios pasa con Blanca, los enanos, la bruja, la reina y su bendita madre?

—Madre no, madrastra —dijo el cazador, un poco confundido por la explosión de impaciencia del enano—. La reina Crudelia es la madrastra de Blanca, y la odia porque es más joven y más hermosa que ella. Yo soy Gofredo, su guardabosque, y un día me ordenó que llevara a la princesa Blanca a lo más profundo del bosque y la abandonara allí para que muriera de hambre o devorada por las alimañas. Pero yo no fui capaz de una acción tan ruin y dejé a la princesa cerca de la casa de los siete enanos, seguro de que ellos la acogerían y la cuidarían. Y así fue. Pero Crudelia, con sus malas artes, acabó enterándose de que Blanca estaba con los enanos, y entonces intentó lo de la manzana envenenada...

—Así que lo de la manzana era cosa de la reina... —dijo Ulrico pensativo.

—Sí, y al fallar ese vil ardid gracias a ti, Crudelia me ha ordenado ir a la casa de los enanos y matar a Blanca.

—Y tú, en lugar de matarla, le has dicho que huyera con los enanos.

—Por supuesto. Ahora le contaré a la reina que cuando he llegado ya habían huido, aunque no sé si me creerá.

—Muy rápido se ha enterado Crudelia de que Blanca no estaba muerta. Se ve que la bruja Ágata ha ido corriendo a contárselo.

—La reina no necesita que la bruja le cuente nada, amigo mío —dijo Gofredo con expresión sombría.

—¿Por qué?

—Porque Crudelia y Ágata son una misma persona.

—¡No es posible! —exclamó Ulrico—. No conozco a Crudelia ni sé nada de ella, pero he oído decir que es una mujer todavía joven y hermosa, y Ágata es una anciana.

—Crudelia tiene el poder de convertirse en una vieja bruja y en quién sabe cuántas cosas más. Algunos dicen que puede convertirse en gato o en cuervo, o en cualquier animal tan negro como su alma.

—No hay que creer todo lo que se oye, amigo Gofredo.

—¿Y lo que se ve? ¿Hay que creer lo que uno ve?

—Hasta de eso estoy empezando a dudar —contestó Ulrico, recordando su inverosímil experiencia (¿o había sido un sueño?) en la cueva de Ágata.

—Pues yo he visto a Crudelia entrar en su gabinete secreto, que sólo tiene una puerta, y salir convertida en la bruja Ágata. Y aunque parecía muy distinta, sus terribles ojos negros y su nariz aguileña seguían siendo los mismos.

—Eso que cuentas es muy interesante. Ardo en deseos de conocer a Crudelia.

—¿Qué dices, insensato? —exclamó Gofredo—. Debes permanecer lo más lejos de ella que puedas. Es una mujer mala y muy poderosa.

—Bueno, no creas que no sé defenderme —dijo Ulrico—. Yo también tengo algunos recursos.

—Es cierto, olvidaba que has devuelto la

vida a Blanca. Supongo que eres un mago...

—Ya sé lo que podemos hacer —propuso el enano—. Tú me llevas a su presencia como si me hubieras hecho prisionero. De este modo, matamos dos pájaros de un flechazo: yo consigo ver a Crudelia y tú evitas que se enfade contigo por no haber matado a Blanca.

Tras una pausa, Gofredo dijo:

—Me parece que corres un riesgo muy grande, Ulrico, pero haré lo que tú digas.

La reina Crudelia

Tal como había dicho Gofredo, Crudelia tenía los mismos ojos negros y penetrantes y la misma nariz aguileña que la vieja Ágata. Era —o al menos lo parecía— una mujer todavía joven y bastante hermosa, aunque la dureza de su expresión la hacía poco atractiva.

—Así que tú eres el que ha revivido a Blanca —dijo ella mirando a Ulrico con una mezcla de curiosidad y fastidio—. Creía que sólo el beso de un príncipe azul podía romper esa clase de hechizos... ¿O acaso eres un príncipe disfrazado de enano? —añadió riendo.

—Cosas más raras se han visto —contestó Ulrico—. Por ejemplo, una reina disfrazada de bruja. O una bruja disfrazada de reina.

—¿Así que lo sabes? ¿Qué más sabes, enano insolente?

—Como dijo el buen Sócrates, yo sólo sé que no sé nada. Y ni de eso estoy seguro.

—¿Ni siquiera sabes dónde están Blanca y su despreciable séquito de congéneres tuyos?

—Ni siquiera eso sé. Aunque, por supuesto, si lo supiera no te lo diría.

—Claro que me lo dirás. Si lo sabes, te aseguro que me lo dirás. Y puede que hasta me lo digas aunque no lo sepas...

En su lóbrega mazmorra, Ulrico reía a carcajadas. No es que se hubiera vuelto loco ni que le hiciera gracia su situación. Reía a causa de las hormigas. Y tampoco es que las hormigas fueran especialmente graciosas, sino que al correr por sus pies desnudos y untados de miel le hacían unas cosquillas terribles. Y, como todo el mundo sabe, los enanos son especialmente sensibles a las cosquillas.

Si hubiera podido espantar a las hormigas, o al menos rascarse, la cosa no habría sido tan insoportable. Pero, naturalmente, tenía las manos y los pies sujetos por un sólido cepo de madera.

«Luego te untaré de queso y te echaré a un foso lleno de ratones», le había dicho Crudelia. Y las cosquillas lo estaban enloqueciendo de tal manera que casi deseaba que cumpliera su amenaza cuanto antes.

Aunque al pobre Ulrico le parecieron

años, sólo habían pasado unas horas cuando la puerta de su mazmorra se abrió para dejar pasar a la bruja Ágata.

—¿Por qué has tardado tanto? —le dijo Ulrico sin poder dejar de reír.

—Por tus risas, veo que te alegras de verme —dijo Ágata, abriendo el cepo y ayudando al enano a sacar los pies.

El carcelero estaba profundamente dormido, cosa que a Ulrico no le sorprendió, pues ya sabía que Ágata era una maestra del sueño... y de los sueños. Pero en vez de subir por las escaleras que conducían a la planta baja del castillo, bajaron por una rampa que se hundía aún más en los sótanos.

—¿Me estás llevando al foso de los ratones? —preguntó Ulrico medio en broma, aunque sin tenerlas todas consigo.

—Desde luego, ahí es donde merecerías acabar, por entremetido —contestó Ágata.

El enano siguió a la anciana por un angosto pasadizo que parecía no tener fin, y en el que no brillaba otra luz que la débil fosforescencia que brotaba de un frasco que Ágata había sacado de un bolsillo.

Por fin llegaron a una estrechísima escalera de caracol que ascendía por un túnel tan redondo y vertical como un pozo. La escalera

terminaba en un recinto cerrado y casi tan estrecho como el pozo del que acababan de salir.

—¿Dónde estamos? —preguntó Ulrico.

Como respuesta, Ágata abrió una disimulada portezuela y salieron al exterior. Entonces Ulrico vio que estaban en el bosque, y que habían salido del interior de un gran árbol hueco. El enano se sintió feliz de estar otra vez al aire libre y de no ver ninguna hormiga por los alrededores.

Ágata se sentó en una gruesa raíz que, en su punto de unión con el tronco del árbol, emergía de la tierra formando un banco natural, y le indicó con un gesto que se sentara junto a ella.

—Aquí estaremos tranquilos... por ahora. Dime, insensato, ¿qué habías ido a buscar al castillo de Crudelia?

—A ti —contestó Ulrico tranquilamente.

—¿A mí?

—O Crudelia y tú erais la misma persona, como creen algunos, o teníais que estar en estrecho contacto. En cualquiera de los dos casos, ir al castillo era la forma más segura de encontrarte.

—¿Y tanto interés tenías en verme que te has jugado la vida para dar conmigo?

—¿Te sorprende? ¡Necesito saber lo que

ha pasado! —exclamó el enano—. Una mañana me levanto de la cama, sigo tu rastro hasta llegar a la cueva, hablo contigo... y de pronto estoy de nuevo en la cama y es otra vez por la mañana, como si todo hubiera sido un sueño.

—Hay sueños que parecen muy reales —comentó Ágata.

—Y realidades que parecen sueños. Vamos, dime, ¿cómo demonios lo hiciste?

—No tengo por qué darte explicaciones, mozalbete.

—Podrías ser un poco más agradecida. Te he salvado de una muerte horrible.

—Y yo a ti. Los ratones no son mejores que la hoguera.

—Está bien. ¿Me puedes decir, por lo menos, por qué no me lo quieres decir?

—Y tú, ¿me quieres decir por qué te empeñas en querer saber lo que no te importa?

—Pero si ya lo sabes. Si nuestra conversación en tu cueva no fue un sueño, ya sabes que mi mayor empeño es comprender la magia, descubrir cómo funcionan las misteriosas fuerzas que rigen el mundo...

—No se puede comprender la magia, porque si se comprende ya no es magia.

—Sí, eso fue lo último que me dijiste: «Magia es lo que no se comprende». Bueno, al menos me gustaría tener un poco más claro qué es lo que no comprendo.

Ágata lo miró en silencio largo rato, clavando en él sus penetrantes ojos negros, tan vivaces que no parecían los de una anciana. Por fin dijo:

—Un día, hace ya muchos años, le juré a mi madre que no revelaría sus enseñanzas secretas a nadie más que a mis hijas o a mis discípulas. Y, por cierto, mi única discípula ha sido un fracaso...

—¿Crudelia?

—Sí... Y, puesto que eres tan sagaz, no hace falta que te explique las razones de tanto secreto.

—Supongo que las brujas tenéis miedo de que vuestros conocimientos caigan en malas manos —dijo Ulrico—. Es un temor justificado...

—Muy justificado. Y puesto que los hombres soléis ser más ambiciosos, más violentos y más prepotentes que las mujeres, y es, por tanto, más fácil que hagáis mal uso de nuestros secretos, sólo nos los transmitimos entre nosotras. Por eso hay más brujas que magos. Y por eso somos tan temidas y odiadas, porque los hombres estáis acostumbrados a ver a las mujeres sometidas e impotentes, y os asusta la idea de que algunas tengamos más poder que vosotros.

—Reconozco que te sobra razón en lo que dices, pero a mí no me incluyas. Yo soy un enano.

—Un hombre, al fin y al cabo.

—Los hombres basan su poder en la fuerza bruta. Nosotros los enanos, como no somos fuertes físicamente, hemos aprendido a valernos de otros recursos y a valorar más otras cosas. En eso nos parecemos a las mujeres.

—Puede que tengas algo de razón... Está bien, estoy dispuesta a contestar a algunas de tus preguntas, siempre que no pretendas saber demasiado.

—De acuerdo. Empezaré por el principio. ¿Estaba envenenada la manzana que le diste a Blanca?

—Sí —admitió Ágata sin inmutarse—. Crudelia me pidió que la matara. Si yo me hubiera negado, habría mandado a otra persona. Así que decidí darle a Blanca un veneno que le causara una muerte aparente. Luego, cuando hubiera pasado el peligro, la habría revivido para convertirla en mi discípula.

—Pero los siete enanos te pillaron in fraganti.

—Volvieron a casa antes de lo previsto y no atendieron a razones. Les dije que Blanca no estaba muerta, que podía revivirla, pero no me creyeron.

—¿Y cómo es que a ti no te pasó nada después de comerte el resto de la manzana envenenada?

—¿Que no me pasó nada? No hubieras podido seguir mis huellas de no ser porque estuve arrastrándome penosamente toda la noche, sin casi tenerme en pie, hasta llegar a mi cueva y tomar un antídoto. Soy muy resistente a los venenos, pero no invulnerable... todavía.

—¿Y qué hiciste conmigo? —preguntó Ulrico.

—Eso fue de lo más sencillo —contestó ella riendo—. En la infusión que te preparé eché un potente somnífero y, una vez dormido, te llevé de vuelta a casa de los enanos en una carretilla y te metí en la cama como a un niño bueno. Soy más fuerte de lo que parezco, sobre todo cuando tomo cierto elixir que aumenta momentáneamente el vigor físico.

—Pero los siete enanos no se dieron cuenta de nada. Es como si el día que fui a tu cueva no hubiera existido.

—Tú lo has dicho. Ese día no existió para ellos. Mientras tú reanimabas a Blanca con tu ingenioso truco respiratorio, se olvidaron por completo de mí. Entonces aproveché para echar mi famoso somnífero, del que tan bien conoces los efectos, en la jarra de vino que había sobre la mesa. Los siete enanos y Blanca pasaron todo el día siguiente y la siguiente noche durmiendo sin interrupción, y cuando por fin se despertaron ni siquiera se dieron cuenta de que habían perdido un día, pues estaban solos en medio del bosque y no había ningún vecino para decirles que ya era miércoles en lugar de martes. Y tú, aturdido por el somnífero, pensaste que todo había sido un sueño.

—Por un momento lo pensé, sí —admitió Ulrico—, pero luego comprendí que tenía que haber otra explicación..., a pesar de encontrar tu cueva vacía. ¿Cómo te las arreglaste para mudarte tan rápidamente?

—No me he mudado —rio Ágata—. No me tomaría tantas molestias para librarme de ti; tampoco eres tan peligroso. En mi cueva hay una falsa pared que comunica con otra sala aún más grande. No me costó mucho trabajo trasladar mis cosas de una sala a la otra mientras todos dormíais como angelitos. Lo he hecho otras veces para burlar a los... cazadores de brujas.

Ulrico se quedó pensativo un buen rato.

—¿Por qué sigues unida a Crudelia? ¿Por qué permites que haga creer a la gente que sois una misma persona?

—Ya te he dicho que la acepté como discípula. No me di cuenta de que era una mujer malvada y ambiciosa, y ahora estoy pagando mi error. Mientras siga cerca de ella puedo controlarla, evitar parte del daño que es capaz de hacer. Y el hecho de que muchos crean que somos una misma persona tiene más ventajas que inconvenientes. Sus esbirros suelen obedecer mis órdenes creyendo que soy ella.

—Pero esa confusión hace que muchos te odien, y ha estado a punto de costarte la vida.

—Si quieres adentrarte en los secretos de la magia, querido Ulrico, tienes que saber que es un camino en el que los errores se pagan muy caros.

El príncipe azul

Hacía una mañana espléndida. El sol brillaba radiante en un cielo sin nubes, los pájaros cantaban en los árboles y el sombrío castillo de Crudelia ya no era sino un punto en el horizonte. En otras circunstancias, Ulrico, gran amante de la naturaleza y de las mañanas soleadas, hubiera disfrutado enormemente del paisaje, pero estaba tan absorto en sus pensamientos que casi ni se fijaba en dónde ponía los pies, y estuvo a punto de caerse varias veces al tropezar con alguna piedra del camino.

Su conversación con Ágata le había aclarado algunas dudas, pero a la vez le había dejado perplejo y meditabundo. Un poco de somnífero había bastado para hacerle tener la sensación de ser víctima de una magia poderosísima, capaz de alterar el tiempo y el espacio. Un sistema de pasadizos y puertas secretas, unido a un cierto parecido físico, había hecho creer a los súbditos de Crudelia que ella y Ágata eran una misma persona y que la reina tenía el poder de cambiar de apariencia a voluntad. ¿Habría siempre una explicación igual de sencilla y natural detrás de la magia?

Según Ágata, todo lo que hacían las brujas era utilizar las plantas medicinales para curar enfermedades, provocar el sueño o alegrar el ánimo, o aumentar momentáneamente el vigor. También el vino hacía dormir y alegraba el ánimo, y nadie llamaba magos a los taberneros...

Tan sumido estaba Ulrico en estas reflexiones que no se fijó en los tres jinetes que cabalgaban hacia él hasta que no estuvieron muy cerca. Demasiado cerca, pues cuando vio que uno de ellos lo señalaba y espoleaba su caballo dirigiéndose hacia él, ya era tarde para intentar huir.

Ágata le había asegurado que le daría a Crudelia una pista falsa sobre su paradero, y no creía que la bruja le hubiera mentido; pero tal vez la reina no se hubiera dejado engañar y hubiese mandado hombres en su busca en todas direcciones.

Como no le gustaba malgastar sus fuerzas y era inútil echar a correr o intentar esconderse detrás de un árbol, Ulrico esperó tranquilamente a los jinetes. Y no tuvo que esperar mucho, pues en menos que canta un gallo los tuvo a su alrededor.

—¿Eres Ulrico? —preguntó uno de ellos.

—¿Estáis buscando a mi primo Ulrico? —contestó el enano con su mejor cara de inocencia—. Se ha ido en aquella dirección —añadió señalando hacia el castillo de Crudelia—. Lo reconoceréis enseguida porque se parece mucho a mí. Es más o menos de mi estatura y también tiene el pelo rojo, aunque es mucho más guapo...

—Cogedlo —dijo el que le había preguntado, y sin casi saber cómo el enano se encontró metido en un saco y cargado como una alforja sobre la grupa de uno de los caballos.

Tras un incomodísimo viaje que se le hizo interminable, Ulrico se sintió transportado en volandas por sus captores, que de pronto se detuvieron, abrieron el saco y le dejaron caer al suelo como quien vacía una bolsa de patatas (aunque ellos no podían saberlo, pues en aquel tiempo sólo había patatas en América).

—Aquí está el enano, alteza —dijo uno de los hombres.

Ulrico rodó por el suelo de un lujoso salón y se encontró a los pies de un apuesto joven de bucles dorados y elegantemente vestido de raso azul. Fuera quien fuese aquel relamido, por lo menos no estaba en el castillo de Crudelia.

Para sorpresa de Ulrico, el joven al que habían llamado «alteza» se precipitó hacia él y lo ayudó a levantarse con grandes muestras de deferencia, a la vez que reprendía a sus hombres.

—¡Insensatos! ¿Cómo habéis osado tratar así al maestro Ulrico, el más ilustre de mis huéspedes?

—Disculpad, alteza —se excusó el que parecía el jefe de los tres—. Nos dijeron que lo trajéramos a cualquier precio y, tratándose de un enano, pensamos que era un malandrín.

—Señor, os suplico que perdonéis la torpeza de mis rudos soldados —dijo el relamido joven a Ulrico—, y perdonadme a mí también por no cerciorarme de que mis órdenes eran interpretadas correctamente.

—Estáis disculpados —dijo Ulrico, mirando de reojo a sus captores y arreglándose la ropa, pues el viaje a caballo dentro del saco lo había dejado un tanto maltrecho—. He viajado más de una vez en peores condiciones.

Tras indicar con un gesto a sus hombres que se marcharan, el joven rogó a Ulrico que se sentara en un aparatoso sillón forrado de terciopelo azul (casi todo era azul en aquella sala) y se presentó ceremoniosamente.

—Sabed, maestro Ulrico, que soy el príncipe Arlindo, y me he tomado la libertad de mandaros llamar por un asunto de la mayor gravedad, y una vez más os pido mil perdones por el lamentable malentendido que ha llevado a mis hombres a trataros tan rudamente.

—Estaré encantado de ayudaros en la medida de mis posibilidades, príncipe, pero me temo que os habéis equivocado de persona. Mis recursos son muy limitados y mis habilidades escasas.

—¿No sois vos el Ulrico que ha librado de su encantamiento a una princesa que, custodiada por siete gigantes, llevaba siete años dormida?

Ulrico rio al ver con qué rapidez se propagaban los rumores, y con qué facilidad se deformaban los hechos al ir de boca en boca.

—Mi querido Arlindo, no eran siete gigantes, sino todo lo contrario, y la princesa en cuestión no llevaba siete años dormida, sino unas pocas horas.

—Bueno, ya sabéis que estas historias siempre se exageran un poco... Pero ¿es cierto que la reanimasteis con el beso de la vida?

—Me limité a insuflar aire en sus pulmones, y ella volvió a la normalidad por sí misma.

—Tenéis la modestia de los grandes sabios —dijo Arlindo con admiración—. Estoy cada vez más convencido de que vos sois el único que puede ayudarme.

—Contadme vuestro problema, príncipe, y, como ya os he dicho, haré cuanto esté en mi mano.

—¿Habéis oído hablar de la Bella Durmiente del Bosque? —preguntó Arlindo.

—Sí, conozco la leyenda.

—No es una leyenda, mi buen Ulrico —dijo el joven bajando la voz y mirándole fijamente a los ojos—. Yo la he visto.

—¿La habéis visto? Eso es muy interesante...

—Obsesionado por esa leyenda, que no es tal leyenda, y que ya mi hada madrina me relataba cuando era niño...

—¿Tenéis un hada madrina? —exclamó Ulrico—. Eso es, si cabe, todavía más interesante... Oh, perdonadme por la interrupción.

—No, no, al contrario. Os ruego que me hagáis cuantas preguntas estiméis conveniente a lo largo de mi relato... Sí, tengo la inmensa suerte, el inmerecido privilegio y la altísima dicha de tener un hada madrina. Lamentablemente, se halla ausente. Y además, por razones que no acabo de comprender, no ve con muy buenos ojos mi empeño en esta empresa. Ya sabéis que las hadas van y vienen a su antojo, y que sus designios son a menudo inescrutables.

—Claro, claro...

—Como os decía, obsesionado por la historia de la Bella Durmiente, la he buscado sin descanso durante años, guiándome por vagos rumores y oscuras referencias..., y al fin la he encontrado.

—Continuad, os lo ruego —le apremió Ulrico, al ver que el joven se quedaba absorto, con expresión soñadora.

—Sí, la he encontrado... Yace en un lecho de flores, en un castillo abandonado e invadido por la vegetación, y su belleza es tal que no puede ser descrita. Su cabello es como el oro más fino y su cutis es blanco y suave como el marfil... No hace falta que os diga, querido Ulrico, que si ya la amaba en mis fantasías, al verla ese amor se centuplicó al instante, convirtiéndome en su esclavo más rendido. Imaginaos, pues, cuál no sería mi desesperación al no conseguir despertarla.

—¿Lo intentasteis... adecuadamente?

—Dicen que este tipo de encantamientos

se rompen con el beso de un príncipe azul. Yo, como podéis ver, *soy* un príncipe azul, y la besé suavemente en los labios, tal como manda la tradición.

—Pero no se despertó.

—No —dijo Arlindo con un hondo suspiro—. Tal vez no sea digno de ella. Tal vez mi corazón no sea lo suficientemente puro... Ayer llegó a mis oídos el rumor de que un enano de rojo cabello había despertado, no lejos de aquí, a una princesa encantada, y al instante mandé emisarios en todas direcciones para buscaros. Lo que pretendo de vos, sin duda ya lo habéis adivinado, mi buen Ulrico.

—Llevadme junto a ella, Arlindo. Haré lo que pueda por reanimarla.

—No viviré lo suficiente para agradecéroslo —dijo el príncipe embargado por la emoción—, sea cual fuere el resultado de vuestro intento. Tal vez la Bella Durmiente se enamore de vos y no de mí si lográis despertarla; pero la alegría de verla viva compensará con creces el dolor de perderla.

—Muy nobles palabras son ésas —dijo Ulrico—. El verdadero amor consiste en desear el bien de la persona amada por encima del propio, y muy pocos hombres aman así. Pero no os preocupéis por eso, buen Arlindo; no sé si lograré despertar a la Bella Durmiente, pero lo que sí puedo aseguraros es que no se enamorará de mí. Las princesas no se enamoran de los enanos, amigo mío, ni siquiera en los cuentos de hadas.

La Bella Durmiente

Cinco largas jornadas a caballo tardaron Arlindo y Ulrico en llegar al bosque donde, completamente oculto por la vegetación, se alzaba el castillo de la Bella Durmiente.

—Tendremos que seguir a pie —dijo el príncipe, desmontando de un grácil salto y ayudando al enano, cuyos pies no llegaban a los estribos, a bajar de su caballo.

—Nunca había visto un bosque tan tupido —comentó Ulrico—. Parece realmente impenetrable.

—Bien puedes decirlo —aseguró Arlindo, desenvainando su espada—. Tendremos que abrirnos paso a mandobles.

El príncipe iba delante, cortando y apartando la enmarañada vegetación con certeros golpes de su espada, y Ulrico lo seguía en silencio. Cuando por fin apareció el castillo ante ellos, el enano no pudo evitar una exclamación de asombro.

Totalmente recubierto e invadido por las plantas, el castillo no parecía de piedra, sino hecho todo él de materia vegetal, como si, por arte de magia, un árbol gigantesco hubiera crecido con torres en lugar de ramas y extrañas oquedades parecidas a ventanas en su enorme tronco.

De la densa vegetación emanaba un olor intenso y dulzón, que a Ulrico le produjo una sensación no del todo agradable, parecida al mareo.

—¿No es cierto que este aroma embriaga como el vino? —comentó Arlindo.

—Sí —admitió Ulrico—. Deberíamos darnos prisa. No estoy seguro de que sea bueno respirar este aire tan enrarecido.

—Por aquí —dijo el príncipe, y condujo al enano hacia un pequeño pabellón que, completamente cubierto de enredaderas, quedaba oculto junto a la base de una de las torres. A la débil luz verdosa que se filtraba a través de la vegetación, Ulrico vio, tumbada sobre una especie de altar invadido por las enredaderas, a una hermosa joven de cabello dorado y piel blanquísima, con un espléndido vestido recamado en oro.

Por un momento le pareció que la joven respiraba, pero enseguida se dio cuenta de que era una ilusión creada por la penumbra y por el ligero mareo que le había producido aquel aire cargado de intensos aromas.

Arlindo permanecía inmóvil, con los ojos húmedos, mudo por la emoción. Ulrico lo miró en silencio y luego se acercó a la joven yacente. Casi con reverencia, como si no se atreviera a tocarla, acarició con la punta de los dedos sus dorados cabellos y su blanco cutis.

—¿No era exacta mi descripción? —susurró Arlindo acercándose al enano—. ¿No son como el oro sus cabellos? ¿No es su piel tan suave y blanca como el marfil?

—Tu descripción era exacta, mi buen Arlindo —contestó Ulrico con tristeza—. *Demasiado* exacta.

—¿Demasiado exacta? ¿Qué quieres decir, amigo mío?

—Sus cabellos no son *como* el oro, querido muchacho. Son realmente de oro, al igual que el vestido. Y su piel no es *como* el marfil, sino de auténtico colmillo de elefante.

—¿Qué... qué quieres decir? —balbuceó Arlindo, visiblemente alterado.

—Las estatuas de oro y marfil no son comunes en nuestro tiempo —explicó Ulrico—, pero ya los antiguos griegos las hacían. El propio Fidias hizo las más famosas esculturas crisoelefantinas, que así se llamaban las que estaban hechas de tan preciosos materiales, y en verdad la que tenemos ante nuestros ojos hubiera sido digna de él, pues es la obra más perfecta que jamás he visto.

—No... no es posible —gimió Arlindo, mirando la estatua con los ojos desorbitados.

—¿No lo entiendes, mi buen amigo? Esto es una cripta, o lo que queda de ella, y el lecho de la Bella Durmiente es una tumba; y ella misma es la estatua funeraria de la mujer cuyos restos reposan debajo. No está durmiendo un sueño de cien años, sino el sueño eterno.

Con los ojos extraviados, Arlindo abrió la boca como para decir algo, pero no logró articular palabra. Y, con un sordo gemido, se desplomó sobre la Bella Durmiente.

El hada madrina

Ulrico era bastante fuerte para ser un enano, pero aun así no le fue nada fácil sacar a Arlindo del enmarañado bosque. Tampoco le resultó fácil colocarlo boca abajo sobre la grupa de su caballo, pero al fin lo logró y pudo emprender el viaje de regreso, sujetando con una mano las bridas del caballo de su compañero mientras con la otra guiaba su propia montura.

Más de una semana les llevó volver al castillo de Arlindo, y en todo ese tiempo el príncipe no volvió en sí por completo. Pasaba inconsciente la mayor parte del día, y en los escasos momentos en que estaba despierto no decía más que incoherencias, como los enfermos que deliran bajo los efectos de una intensa fiebre.

Cuando por fin llegaron al castillo, los médicos de la corte no pudieron hacer nada para sacar a Arlindo de su lamentable estado. Ulrico, temiendo que los extraños vapores del bosque de la Bella Durmiente hubieran envenenado al príncipe, sugirió que se le diera a beber agua de limón en grandes cantidades, así como infusiones de tomillo y melisa.

Al tercer día de yacer en su lecho, el estado de Arlindo pareció empeorar. Comenzó a lanzar gritos desgarradores y a agitarse como un poseso, y los médicos temieron por su vida.

Ulrico, de pie junto a la cama, sujetaba la mano del príncipe e intentaba en vano apaciguarlo, y estaba tan absorto en su empeño que casi no se dio cuenta de que, de pronto, los médicos y cortesanos que rodeaban el lecho se apartaban respetuosamente. Un tintineo como de campanillas de plata hizo que el enano levantara la cabeza, y entonces vio algo que nunca olvidaría. Deslizándose suavemente, como si en vez de caminar flotara a un palmo del suelo, avanzaba una mujer que parecía brillar con luz propia y de la que surgía el argentino tintineo que había llamado la atención de Ulrico. Era una mujer de unos cincuenta años, pero aún muy hermosa, y con una expresión tan encantadora que el enano sintió en el corazón la misma punzada de dulzura que le había paralizado al ver a Blanca.

Al llegar junto al lecho, la mujer pareció posarse en el suelo como un ave que toma tierra tras un vuelo rasante. Apoyó la mano izquierda en la frente de Arlindo, mientras con la derecha sacaba una varita de cristal que llevaba al cinto y la agitaba rítmicamente.

El príncipe se calmó en el acto, y de los presentes brotó un murmullo de reverente asombro.

Luego tocó con la varita el vaso que había sobre la mesilla de noche y dijo, mirando al enano:

—Tomillo, melisa y agua de limón. Muy bien, Ulrico, le has salvado la vida.

Sus palabras fueron acogidas con otro murmullo de asombro. Ella se volvió hacia los presentes y dijo:

—Queridos amigos, dejadnos solos un momento, por favor.

Todos se retiraron apresuradamente, pero cuando Ulrico hizo ademán de seguir a los demás, ella lo retuvo.

—Tú no, Ulrico. Quédate, por favor.

La mujer se inclinó sobre el príncipe, que parecía momentáneamente tranquilo, y le habló al oído.

—¿Me oyes, Arlindo?

—Sí, madrina —contestó él con voz apagada.

—Sé que sufres mucho, querido Arlindo, pero tu sufrimiento es vano.

—Pero ella está muerta, madrina, y nunca podré amar a otra.

—Ella no está muerta, querido. Como te hizo ver Ulrico, te enamoraste de una estatua, y una estatua es un símbolo.

—No es un símbolo, madrina, es la imagen de la mujer que yace en esa tumba.

—Y además, y sobre todo, es un símbolo, hijo mío.

—No te entiendo, madrina.

—Cuando un escultor de la antigüedad quería hacer una estatua de la diosa Venus, usaba como modelo a una mujer de carne y hueso, ¿no es cierto?

—Sí, claro...

—Y la estatua que hacía era, en cierto modo, la imagen en piedra de esa mujer; pero también, y sobre todo, era la representación de la diosa tal como se la imaginaba el escultor y tal como quería que la vieran los demás.

—Sí, es cierto...

—Pues bien, el artista que hizo la estatua funeraria de la que te has enamorado, representó, sí, a la joven que allí yace; pero no la representó tal cual era, sino mucho más perfecta, usándola como modelo para plasmar su propio ideal de belleza y dulzura. Y el ideal de ese artista coincide con el tuyo. Al ver su maravillosa estatua, has tenido una visión de la mujer que sueñas con encontrar algún día, y la fuerte emoción, junto con los vapores venenosos del bosque, ha perturbado tu espíritu sensible. En tu confusión, has pensado que estabas ante la triste evidencia de la felicidad perdida, cuando en realidad lo que has visto es el anuncio de la dicha futura.

Al oír estas palabras, las crispadas facciones de Arlindo se distendieron y una cansada sonrisa afloró a sus labios.

—Y ahora duerme, querido —añadió la hermosa mujer, cubriendo con la mano los ojos del príncipe.

Por primera vez desde que habían estado en el castillo de la Bella Durmiente, Arlindo quedó sumido en un sueño profundo y apacible.

Mirando a Ulrico con una sonrisa de complicidad, ella se llevó el índice a los labios en señal de silencio, y con un gesto le indicó que la siguiera.

Las habitaciones del hada madrina estaban en la torre más alta del castillo. Un dormi-

torio muy sencillo y austero, casi monacal, un cubículo atestado de libros y pergaminos y lo que parecía un pequeño laboratorio de alquimista, eran sus aposentos.

—Ayúdame a quitarme este horrible vestido, Ulrico —le pidió ella dándole la espalda.

—¿Horrible? Pero si es precioso. Es un deleite para la vista... y el oído —dijo el enano mientras, poniéndose de puntillas, desabrochaba los botones ocultos entre la pedrería.

Ella se lo quitó con un suspiro de alivio y lo colgó de un soporte que había junto a la pared. Bajo el vestido llevaba un sayo de algodón blanco, tan sencillo como el hábito de una monja.

—Sería bonito como lámpara para un salón de baile —rio ella—, pero como vestido es incomodísimo, con todos esos espejuelos, esos prismas de cristal de roca y esos cascabeles.

—¿Y por qué lo llevas? —preguntó el enano.

—Un hada tiene que ser resplandeciente, deslumbrante —contestó ella con una pícara sonrisa—. Ha de deslizarse como una nube y tintinear como la plata.

—Por cierto, ¿cómo haces para «deslizarte como una nube»? Es impresionante. Pareces flotar a un palmo del suelo.

El hada soltó una risita y, poniéndose de puntillas, empezó a corretear por la habitación. El sayo no cubría sus pies, como el vestido resplandeciente, y ahora Ulrico pudo ver cómo los movía con gran rapidez, manteniéndolos muy juntos.

—El truco está en no doblar las rodillas, para evitar el vaivén que se produce al caminar normalmente —explicó ella—. Así parece que te estás deslizando. Y si además te pones de puntillas, parece que te has elevado unas pulgadas por encima del suelo. Lo aprendí de unas bailarinas eslavas, durante un viaje a Oriente que hice en mi juventud.

—Asombroso.

—Los trucos más sencillos suelen ser los más efectivos.

—¿Todos tus... poderes son trucos igual de sencillos?

—¿Qué poderes, querido Ulrico?

—Llegaste en el momento oportuno, cuando Arlindo parecía irremediablemente perdido. Y lo sabías todo, incluso lo que le había dado a beber.

El hada rió con aquella mezcla de picardía y ternura que la hacía tan encantadora.

—Ése es el truco más fácil de todos. Tengo una confidente en palacio, una informadora secreta. La cocinera se entera de todo y luego me lo cuenta. También sabe cómo encontrarme cuando no estoy aquí y mi presencia es necesaria. Ella me ha mandado llamar y me lo ha contado todo. Por cierto, cuando he dicho que le has salvado la vida a Arlindo no estaba exagerando. Los vapores que respirasteis son muy ponzoñosos, y sólo bebiendo abundantes líquidos depurativos se puede eliminar ese veneno.

—¿Y cómo es que a mí no me ha afectado? —preguntó Ulrico.

—Tampoco a Arlindo le afectó gravemente la primera vez que estuvo en ese bosque. Pero la recaída puede ser fatal. Por eso le prohibí terminantemente volver allí. Pero ya ves el caso que me ha hecho. El amor es más fuerte que la prudencia.

—Mucho más difícil de eliminar que el veneno de su cuerpo era el que emponzoñaba su espíritu. Y tú lo has logrado en apenas unos momentos —dijo el enano con admiración—. Eso sí que no ha sido un truco, mi querida hada.

—No —admitió ella—, eso es lo único que no es un truco: el cariño y la comprensión.

—Eres demasiado modesta. Mucha gente quiere a Arlindo, y todos comprenden el mal de amores, que es el más común y terrible de los males. Pero sólo tú has encontrado las palabras adecuadas para curarlo de su obsesión. Tal vez por eso eres un hada; tal vez sea ése tu poder.

—A medida que una envejece va aprendiendo algunas cosas, eso es todo.

—No creo que eso sea todo. Insisto en que eres demasiado modesta. O tal vez protejas un secreto.

Ella rio de nuevo.

—Sí, es cierto, las hadas tenemos un pequeño secreto. Puede que algún día lo descubras, querido Ulrico, puesto que es lo que más deseas en el mundo.

—¿Cómo sabes que eso es lo que más deseo?

—Porque soy un hada —contestó ella mirándolo con picardía. Y una vez más dejó oír aquella risa encantadora que tintineaba como los cascabeles de plata de su vestido.

Carlín de Bolonia

Aquella mañana, Ulrico no estaba de muy buen humor. El hada madrina de Arlindo le había dicho: «Ve al Norte y busca a la reina de las hadas. Ella es la única que puede revelarte nuestro secreto».

No le había dado más indicaciones, alegando que encontrar a la reina era precisamente la prueba que tenía que superar para poder verla. Ulrico llevaba varias semanas deambulando de acá para allá, guiándose por vagas referencias y rumores contradictorios, y tenía la sensación de no haber avanzado nada en su búsqueda. Estaba cruzando un extenso bosque y había pasado las dos últimas noches al sereno. Le dolían los huesos de dormir en el suelo, tenía hambre y se sentía como un estúpido. Realmente, aquella mañana Ulrico no estaba de muy buen humor.

Para colmo, había llegado a un río que,

aunque no era muy ancho ni parecía muy profundo, le cortaba el paso, y no le apetecía nada meterse en el agua, pues estaba nublado y no hacía precisamente calor.

Bordeó el río, pensando que tarde o temprano encontraría un sitio por donde cruzar, y al cabo de un rato vio un tronco que servía de puente en un lugar en el que el cauce se estrechaba.

Tanteó con el pie el extremo del tronco, que se apoyaba en una pequeña elevación de la orilla, y no le pareció muy seguro. Permaneció indeciso unos instantes, mirando el agua con recelo, y de pronto oyó una voz procedente del otro lado del río.

—¡Eh, muchachito! ¿Vas a cruzar o no?

Ulrico alzó la cabeza y vio en la otra orilla a un hombre joven, alto y fornido, que le miraba con los brazos en jarras. Y como el enano no estaba de muy buen humor, le pareció que el tono de voz y la actitud de aquel individuo eran un tanto impertinentes.

—¿Qué es eso de «muchachito»? —replicó irritado—. Aprende a respetar a tus mayores, mequetrefe.

—Lo siento, amigo —dijo el otro con una sonrisa—. Como tenías la cabeza inclinada, no he visto tu barba, y por tu estatura me habías parecido un niño.

—¿Qué le pasa a mi estatura? —preguntó Ulrico desafiante, pues la sonrisa de su interlocutor se le había antojado un tanto burlona.

—Nada, nada —contestó el otro conciliador—. Es una magnífica estatura. Yo diría incluso que, para ser un enano, eres bastante alto.

—¿Buscas pelea, grandullón?

—En absoluto, amigo mío. Y para demostrarte mi buena voluntad, te cedo el paso. Cruza tú primero.

—Cruzaré cuando me plazca, y no te hagas el perdonavidas conmigo.

—Está bien, entonces cruzaré yo.

—Será si yo te dejo —replicó Ulrico—. Yo he llegado antes al puente.

—Escucha, no voy a perder todo el día por culpa de un enano cascarrabias... —empezó a decir el otro, pero Ulrico le cortó bruscamente.

—No te preocupes, sólo te haré perder unos instantes. Lo que tarde en tirarte al agua.

—¿Me estás desafiando?

—Sí. Búscate un palo y pelea, si te atreves.

Ulrico llevaba un largo bastón de viaje

más alto que él mismo (lo cual no era gran cosa, de todos modos), y lo agitó con gesto amenazador.

—De acuerdo —dijo el otro, y buscó un palo entre los matorrales de la orilla. Enseguida encontró uno bastante recto y grueso, aunque más corto que el de Ulrico.

—Es demasiado corto —dijo el enano—. No me gusta jugar con ventaja.

—Entre este palo y yo medimos lo mismo que entre tu palo y tú —contestó el otro con una sonrisa.

—¿Te crees muy gracioso, eh? —gruñó Ulrico, aunque en el fondo reconocía que la réplica había sido ingeniosa—. Vamos a ver si eres igual de gracioso pasado por agua.

Dejó su zurrón en la orilla y avanzó por el tronco sujetando su bastón con ambas manos. El otro fue a su encuentro y, tras unos movimientos de tanteo, atacó con decisión.

—No lo haces mal del todo, grandullón —admitió Ulrico, dándole a su oponente un rápido toque en una pierna—, pero no estás a mi altura.

—Querrás decir que no estoy a tu bajura —replicó el otro—. Eres tan pequeño que no hay forma de acertarte.

Picado por la burla, Ulrico hizo una

hábil finta y volvió a tocar a su adversario, esta vez en las costillas.

—Dos a cero, grandullón —dijo riendo.

—Tenía que haber buscado un palo más grande —admitió el otro.

—O un adversario más pequeño —rio Ulrico.

—No te rías tanto y mira dónde pones los pies, enano fanfarrón. Tienes una mancha de liquen húmedo justo detrás del pie derecho, y si la pisas resbalarás.

—Ese truco es ya muy viejo, amiguito. Ya lo conocía antes de que tú nacieras.

—No es ningún truco. Te lo advierto porque a mí tampoco me gusta jugar con ventaja.

—Cuánta honradez... —empezó a decir Ulrico con tono burlón; pero en ese momento atrasó ligeramente el pie derecho para esquivar un golpe y... pisó una mancha de liquen húmedo, resbaló y cayó al agua.

—Eso te pasa por desconfiado —rio su contrincante.

—Deja de reírte y ayúdame a salir —dijo Ulrico—. A cambio, te daré un buen consejo.

—De acuerdo —aceptó el otro—. No hay nada tan valioso como un buen consejo.

Se arrodilló sobre el tronco y dio la

mano a Ulrico, que, en vez de subir, tiró hacia abajo con todas sus fuerzas y le hizo caer al agua.

—¡Traidor!

—No te quejes —rio Ulrico—, te he prometido un buen consejo y te lo voy a dar.

—¿Y cuál es ese consejo? —preguntó el otro chapoteando.

—Nunca te fíes de un enano pelirrojo, y menos si está mojado.

El contrincante de Ulrico soltó una carcajada.

—Reconozco que es el mejor consejo que me han dado en mi vida... Pero, un momento, esto plantea la siguiente paradoja: si nunca debo fiarme de un enano pelirrojo mojado, tampoco debo dar por bueno tu consejo. Y si tu consejo es falso, sí que debo fiarme de los enanos pelirrojos...

—Oye, eso ha estado muy bien —dijo Ulrico con admiración—. Eres más listo de lo que pareces, grandullón.

Los dos salieron del agua y se dejaron caer sobre la hierba de la orilla. El sol había asomado entre las nubes y resultaba reconfortante después del chapuzón.

—Me llamo Ulrico —dijo el enano—, y no siempre estoy de tan mal humor como hace un rato. Te ofrezco mis disculpas y me declaro vencido.

—Yo soy Carlín de Bolonia —se presentó el otro—, y no doy por buena mi victoria, puesto que has resbalado.

—¿Bolonia, has dicho? Una ciudad famosa por sus médicos y sus juristas.

—Sí —dijo Carlín con orgullo—. Algún día será una nueva Atenas. Hay allí un grupo de sabios que se están esforzando por recopilar todo lo que se conoce sobre medicina, derecho, matemáticas y otras ramas del saber. Y yo tengo el honor de estar al servicio de esa noble causa.

—¿Y qué haces tan lejos de casa? —preguntó Ulrico.

—Busco libros —contestó Carlín.

—¿En el bosque?

—Bueno, para ir de una población a otra hay que cruzar algún bosque de vez en cuando.

—Por supuesto. Estaba bromeando.

—Pues aunque lo de buscar libros en los bosques parezca cosa de broma, te diré que es posible que la mayor biblioteca del mundo esté oculta en uno de ellos, concretamente en la Selva Negra.

—¿Ah, sí? No sabía nada de eso —comentó Ulrico asombrado.

—Muy pocos han oído hablar del mago Teofrasto y de su castillo de piedra oscura repleto de libros.

—¿Y no lo has buscado nunca? —preguntó el enano.

—¿Que si lo he buscado? Durante meses, he explorado media Selva Negra sin encontrarlo.

—Tal vez esté en la otra media.

—O tal vez sea una leyenda —dijo Carlín—, como la de la Bella Durmiente del Bosque. Los bosques inexplorados dan lugar a todo tipo de leyendas.

—Por cierto, ya que has mencionado a la Bella Durmiente —dijo Ulrico—, ¿te interesaría un libro en el que se cuenta su verdadera historia?

—Ah, pero ¿hay una verdadera historia de la Bella Durmiente?

—Detrás de una leyenda casi siempre hay una historia real —contestó Ulrico—, aunque a veces la historia no se parezca mucho a la leyenda.

—Claro que me interesa ese libro —dijo Carlín—. ¿Dónde puedo encontrarlo?

—Y no creas que sólo habla de la Bella Durmiente —añadió Ulrico—. En el libro se cuenta, además, la historia de la princesa Blanca y de los siete enanos que la acogieron, y de la bruja que la envenenó para salvarla, y de su madrastra, la malvada reina Crudelia, que se hace pasar por hechicera y no es más que una farsante... Y también se habla de ti en ese libro, y del admirable proyecto en el que estás colaborando.

—¿Habla de mí? —exclamó Carlín.

—Bueno, hablará de ti hoy mismo —explicó Ulrico—, en cuanto escriba un nuevo capítulo relatando nuestro encuentro. Aunque tal vez falsee un poco el resultado de nuestra pelea...

—¡Lo has escrito tú!

—Es como un diario en el que he ido anotando mis experiencias. También he anotado, en mi búsqueda de los secretos de la magia, algunas fórmulas interesantes: venenos, antídotos, somníferos, pócimas que producen alucinaciones, polvos inflamables... Y he hecho un mapa que permite localizar el castillo de la Bella Durmiente, y un plano de las mazmorras y los pasadizos secretos del castillo de Crudelia...

—Es un libro muy valioso, sin duda —aseguró Carlín.

—Pues aquí lo tienes —dijo Ulrico, sacando de su zurrón un grueso fajo de hojas atado con una cinta—. Si esperas un poco, te daré también el capítulo de hoy.

—Eres muy generoso, Ulrico —dijo Carlín—, pero no puedo aceptarlo. Es *tu* libro.

—Y seguirá siéndolo. Algún día iré a Bolonia a consultarlo —dijo el enano con una alegre carcajada— y contrataré a un monje para que me haga una copia.

—Gracias, amigo mío —dijo Carlín cogiendo el manuscrito—. ¿Ves como, después de todo, el bosque no es mal sitio para encontrar libros?

—Ni para encontrar amigos —añadió el enano—. No me des las gracias, Carlín. En realidad, mi libro estará más seguro en tus manos, y me haces un favor custodiándolo mientras yo prosigo mi búsqueda.

—¿Adónde te diriges ahora, Ulrico?

—Qué más quisiera yo que saberlo. Busco a la reina de las hadas... Tú que vienes del Norte, ¿no habrás oído hablar de ella?

—No, lamento no poder ayudarte —contestó Carlín—. Las únicas historias extraordinarias que he oído no tienen que ver con hadas, sino todo lo contrario.

—¿Todo lo contrario?

—Historias de brujas y demonios. A unas tres jornadas de aquí hay un volcán que llaman la Puerta del Infierno, pues dicen que por su cráter se desciende hasta los mismísimos dominios infernales. Naturalmente, yo no creo en esas cosas, pero, como tú muy bien has dicho antes, este tipo de creencias suelen basarse en algo. Y en este caso parece ser que la leyenda se debe a que hay una vieja bruja que habita en el interior del volcán desde hace muchos años. Dicen que vive allí para estar más cerca de su señor, Satanás, y que puede hablar con los muertos, y que tiene una lámpara mágica con la que invoca a un poderoso genio.

—Tal vez le haga una visita —comentó Ulrico—. Las brujas suelen ser personas muy interesantes...

La portera del infierno

Reconfortado por su encuentro con Carlín de Bolonia, Ulrico siguió hacia el Norte en busca de la reina de las hadas.

Al cabo de tres días de marcha divisó la oscura mole de un volcán, de cuyo cráter brotaba una fina columna de humo negro, y, a falta de una meta más precisa, se encaminó hacia allí.

Cuando estaba ya aproximándose a la falda del volcán, le salió al paso un viejo pastor agitando los brazos frenéticamente.

—¿Adónde vas, insensato? —le preguntó el pastor con voz alterada cuando estuvo junto a él.

—Pensaba echarle una ojeada a ese volcán —contestó el enano tranquilamente.

—Ni se te ocurra hacerlo —dijo el viejo santiguándose nerviosamente—. Ese volcán es la Puerta del Infierno, y su portera es la bruja

Melania, la más horrible y malvada de todas las brujas. Debe de tener más de cien años, pues ya era famosa cuando yo era un niño, y su poder es tan grande como su maldad.

—Gracias por advertirme, buen hombre —dijo Ulrico—. Soy forastero en estas tierras y no sabía nada. Daré un rodeo y evitaré pasar por el volcán.

—Ya puedes hacerlo, si en algo aprecias tu vida —dijo el viejo, y, tras santiguarse de nuevo, se alejó corriendo.

Las palabras del pastor no habían hecho más que aumentar la curiosidad de Ulrico, que le había dicho que no iba a subir al volcán para tranquilizarlo, pero que en realidad estaba más decidido que nunca a adentrarse en aquel cráter humeante.

La ascensión, nada fácil, le llevó al enano toda la tarde, y cuando llegó a la cima ya estaba anocheciendo. Pero en el interior del cráter había un tenue resplandor que procedía de las entrañas de la tierra, y aquella débil luz rojiza le permitió emprender el descenso sin necesidad de encender la vela que siempre llevaba en el zurrón.

A medida que descendía por el cráter, el rojo resplandor aumentaba de intensidad, dándole al abrupto paisaje un aspecto irreal y un tanto siniestro.

«No me extraña que lo llamen la Puerta del Infierno», pensó Ulrico. «Menos mal que no soy miedoso..., o al menos eso creo.»

De pronto vio una cueva disimulada por un saliente de la pared rocosa, y al asomarse a su boca le sorprendió el resplandor amarillento que brotaba del interior, muy distinto de la luz rojiza que bañaba el cráter.

La cueva tenía forma de túnel y, tras unos metros en línea recta, doblaba bruscamente a la izquierda. Ulrico entró sigilosamente, y al llegar al recodo se asomó conteniendo el aliento.

El túnel daba paso a una sala bastante amplia, atestada de libros, frascos y útiles de alquimista. La luz amarillenta procedía de una gran lámpara de cobre apoyada en un pedestal, y junto a la lámpara, encorvada sobre un grueso libro, leía una anciana de larguísimo cabello blanco, vestida con un tosco sayo del color de la roca.

—Pasa, Ulrico —dijo la anciana sin levantar la vista del libro.

El enano, desconcertado, dio unos pasos hacia ella y dijo:

—Tú eres Melania, supongo.

—Supones bien, pequeño. Pasa y siéntate.

Ulrico se acercó unos pasos más, se sentó en un taburete de madera y esperó en silencio, mirando con curiosidad a la anciana.

Realmente, parecía viejísima, aunque no le temblaba el pulso y parecía leer sin la menor dificultad. Al cabo de un rato, viendo que Melania seguía absorta en la lectura sin hacerle ningún caso, el enano se decidió a hablar.

—¿Cómo es que sabes mi nombre? —preguntó.

—Tú también sabes el mío —dijo Melania, levantando por fin la vista del libro.

Aunque llena de arrugas, no era una mujer horrible, como había dicho el pastor, y sus vivaces ojos parecían casi risueños.

—Pero tú eres una bruja famosa —dijo Ulrico.

Melania soltó una aguda carcajada.

—Y precisamente soy una bruja famosa porque sé muchas cosas; por ejemplo, tu nombre. ¿Qué te trae por aquí, pequeñajo?

A Ulrico no le hacía ninguna gracia que le llamaran «pequeño», y menos aún «pequeñajo», pero dicho por Melania no resultaba ofensivo.

—Si sabes mi nombre, también sabrás qué me trae por aquí —contestó el enano.

—Yo sí que lo sé —dijo ella con una risita—, pero quiero saber si lo sabes tú.

—Puede que tengas razón y que yo mismo no lo sepa muy bien —admitió Ulrico—. Pero creo que lo que me ha traído hasta aquí es el deseo de aprender.

—La curiosidad es una pasión muy peligrosa, pequeño.

—Más peligrosa es la ignorancia.

—¿Y qué crees que puedes aprender de mí? —preguntó Melania.

—No lo sé, pero te atribuyen grandes poderes. Cuentan que hablas con los muertos...

—Sólo los escucho —le cortó la anciana—. Yo no tengo nada que decirles, mientras que ellos tienen mucho que decir.

—También cuentan que, al igual que Aladino, puedes invocar con tu lámpara a un poderoso genio.

—No a uno, sino a varios, y muy poderosos, en efecto.

—Me cuesta creerlo —dijo Ulrico sin disimular su escepticismo—; pero, en cualquier caso, me gustaría ver cómo lo haces.

—¿Y por qué crees que te lo voy a permitir? —preguntó Melania.

—Porque, igual que a mí me gusta aprender, a lo mejor a ti te gusta enseñar.

—Es cierto —admitió la anciana—, me gusta enseñar; pero sólo a las personas adecuadas, y hay muy pocas.

—Puesto que lo sabes todo sobre mí —dijo Ulrico—, también sabrás si soy o no una persona adecuada.

—No te pongas insolente, jovencito —le reprendió Melania—. Sé bastante sobre ti, incluso se podría decir que sé mucho, pero no todo. Y la auténtica valía de una persona es lo más difícil de conocer... Te pondré a prueba. Mejor dicho, tú mismo te pondrás a prueba.

—¿Qué tengo que hacer? —preguntó el enano.

—Mirar para ver —contestó la anciana.

—Debe de ser muy difícil, cuando suena tan sencillo —comentó Ulrico.

Melania soltó otra de sus agudas carcajadas.

—Desde luego, es lo más difícil del mundo: mirar adecuadamente para ver lo que hay que ver. Quédate por aquí todo el tiempo que quieras. Puedes hacer lo que te plazca, con tal de que no me molestes. *Cuando me veas convocar a los genios con mi lámpara y escuchar a los muertos, comprenderás lo que te dijo la Bella Durmiente...*

—La Bella Durmiente es una estatua, Melania, no pudo decirme nada —replicó Ulrico.

—No me interrumpas, pequeñajo... Y cuando comprendas lo que te dijo la Bella Durmiente verás a la reina de las hadas, y tal vez ella te revele su secreto.

—Estoy seguro de que tú también conoces ese secreto —dijo Ulrico.

—Pues claro que lo conozco —admitió Melania—, pero sólo ella está autorizada a revelarlo.

La reina de las hadas

Al cabo de una semana Ulrico estaba desesperado. Observaba a Melania día y noche, pero la vieja bruja no hacía más que leer, mezclar extrañas sustancias en su laboratorio de alquimia y pasear por los alrededores en busca de plantas y minerales, con un vigor impropio de su avanzada edad.

Una vez acompañó al enano hacia las profundidades del cráter, hasta un punto desde donde se veía la burbujeante lava del volcán adormecido; pero, aunque el espectáculo era sobrecogedor, nada extraordinario ocurrió allí tampoco.

Un día, mientras vagaba solo por las inmediaciones, a Ulrico le pareció ver unas flores de árnica. No le prestó al hecho mayor atención, pero al regresar a la cueva de Melania comentó:

—No sabía que había árnica por aquí cerca.

—Una planta muy útil, pero peligrosa —dijo la anciana—. Su extracto, en dosis altas, es un potente veneno. Por cierto que el apio es un buen antídoto... Pero no, no crece por estos parajes.

—Pues juraría que he visto unas flores de árnica a menos de una legua...

—Jurarías en vano, pequeñajo. Te digo que no hay árnica por aquí.

—Pues entonces era una planta muy parecida al árnica —insistió Ulrico.

—Qué entenderás tú por parecida... ¿La reconocerías si vieras su dibujo?

—Creo que sí.

—De acuerdo, vamos a consultar al viejo Dioscórides —dijo Melania.

La anciana cogió uno de los tomos de la *Materia Médica* del famoso naturalista griego y lo abrió bajo la lámpara.

—¡Vamos a consultar al viejo Dioscórides! —repitió Ulrico como quien ha hecho un gran descubrimiento.

—Sí, eso he dicho... ¿Qué te pasa, pequeño, te has vuelto loco de repente?

—Todo lo contrario —dijo Ulrico, palmoteando alborozado—. ¡Me he vuelto cuerdo de repente!

—Eso puede ser igualmente grave —comentó Melania con el ceño fruncido.

—¡Dioscórides es uno de *los genios que convocas con tu lámpara!* —exclamó el enano—. Abres su libro y la luz de la lámpara te permite tener acceso a su saber. ¡Así es como *escuchas a los muertos,* leyendo sus libros!

Melania soltó una carcajada.

—Bien, pequeñajo, eres menos tonto de lo que pareces.

—*Y lo que me dijo la Bella Durmiente...* —Ulrico vaciló, haciendo un gran esfuerzo de concentración—. No me dijo nada, claro, puesto que es una estatua... Pero ahora comprendo que, al no decir nada, me *dijo* precisamente eso, que es una estatua sin vida y que su leyenda es producto de la imaginación de los hombres... Y que a veces tomamos una frase poética como si fuera una descripción exacta, o viceversa. Los cabellos de oro y el cutis de marfil de la Bella Durmiente son un buen ejemplo: al oír hablar de ella, algunos creyeron que era una forma poética de referirse a la belleza de una mujer de carne y hueso, cuando en realidad era la descripción exacta de una estatua de oro y marfil...

—No está mal, no está mal... —comentó Melania con una risita.

—Y en tu caso es justo al contrario —prosiguió Ulrico—. «Escuchar a los muertos» es una forma poética de decir que uno está leyendo un libro escrito por alguien que ya murió pero cuyas palabras siguen vivas. Y sin embargo yo interpreté la frase al pie de la letra...

—No está mal, no está mal —repitió Melania—. Si sigues así, es posible que la reina de las hadas se digne recibirte.

Entonces Ulrico miró a la anciana a los ojos y fue como si la viera por primera vez.

—¡Tú eres la reina de las hadas! —exclamó.

—¿Yo? —rio Melania—. ¿Cómo has llegado a esa conclusión tan peregrina, pequeñajo?

El enano soltó una carcajada.

—¡Me lo ha dicho la Bella Durmiente, tal como tú me anunciaste! Pues lo que esa estatua nos enseña es que no hay que fiarse de las apariencias y los rumores. No te pareces en nada a la idea que uno tiene de las hadas, desde luego, pero todos los datos indican que eres tú. Sabías mi nombre, esperabas mi visita, me has puesto a prueba... Y, además, me dijiste:

«Cuando comprendas lo que te dijo la Bella Durmiente, verás a la reina de las hadas», y sólo te veo a ti. Mirar para ver.

—Lo has expresado de una forma un tanto confusa —dijo Melania con su peculiar risita—, pero no está mal, no está mal...

—No me extraña que lo haya expresado de forma confusa, porque la verdad es que no acabo de entenderlo —admitió Ulrico—. ¿Por qué la reina de las hadas (si de verdad lo eres, pues tampoco hay que excluir la posibilidad de que me estés engañando) se hace pasar por una bruja?

—¿No has comprendido el mensaje de la Bella Durmiente? ¿Dirías que esa estatua se hace pasar por una mujer?

—Ya entiendo —dijo el enano—. Sí, he dicho una tontería. Tú no te haces pasar por nada. Simplemente, eres muy vieja y...

—No tanto, renacuajo impertinente.

—Bueno, digamos que ya no eres una jovencita, y como vives en un volcán que llaman la Puerta del Infierno, la gente piensa que eres una bruja horrible y malvada.

—Y como pensando en eso me dejan tranquila, yo les dejo que lo piensen. Es una forma de evitar a las visitas inoportunas. Aunque no a todas —añadió mirando a Ulrico fijamente.

—Si esperas que me dé por aludido, pierdes el tiempo... De todos modos, el hada madrina de Arlindo vive en un palacio y lleva un vestido resplandeciente. ¿Por qué tú...?

—Jovencito —le cortó Melania—, si la mayoría de las personas le dan tanta importancia a las apariencias, a veces no hay más remedio que cuidarlas un poco. Pero, en realidad, las hadas y las brujas somos exactamente lo mismo, unas vestidas de gala y otras de andar por casa. Si una bruja, por ejemplo, cura a un príncipe de una enfermedad cuando es niño, se convierte en su «hada madrina»: la colman de honores y privilegios, la alojan en palacio, le regalan joyas y hermosos vestidos... Si una bruja vive en un pueblo perdido de la montaña, probablemente se convertirá en una mujer pobre, solitaria y andrajosa, y tendrá suerte si la superstición popular y la persecución de los fanáticos o de los médicos no la llevan a la hoguera.

—¿Por qué os persiguen? —preguntó el enano.

—Porque algunos fanáticos religiosos rechazan todo aquello que se sale de sus rígidas creencias... En cuanto a los médicos, quieren tener la exclusiva de la curación de enfermedades. Nosotras somos curanderas y a veces hacemos cosas que parecen sobrenaturales. Ellos piensan que les hacemos la competencia y ponemos en entredicho su autoridad, y por eso nos persiguen.

Ulrico se quedó pensativo unos instantes.

—Sí, todo va encajando... Bien, dijiste que si lograba ver a la reina de las hadas, tal vez ella me revelara vuestro gran secreto...

—No es un secreto grande —replicó Melania—, sino muy, muy pequeño. Por eso nadie lo ve, aunque está a la vista.

—¿Me lo vas a decir?

—En realidad ya lo sabes, aunque todavía no sabes que lo sabes.

—Oye, Melania —protestó Ulrico—, hoy ya he hecho un gran esfuerzo mental y creo que me merezco un poco de descanso. Si no me lo dices ahora mismo, pensaré que eres, efectivamente, la más horrible y malvada de las brujas.

—Y es cierto —rio la anciana—. Está bien, está bien... Como te decía, es un secreto muy pequeño. Tan pequeño que no existe.

—¿Qué quieres decir?

Ulrico estaba desconcertado, aunque se daba cuenta de que la explicación estaba al alcance de la mano, como cuando uno tiene un nombre en la punta de la lengua y no le sale.

—¿No lo ves, cabezota? *Nuestro secreto es que no tenemos ningún secreto.*

—Pero eso no es cierto —protestó el enano—. Sí que tenéis secretos. Sabéis muchas cosas que el resto de la gente no sabe.

—Y tú también. ¿Cuánta gente conoce la técnica india de reanimación de muertos aparentes? ¿Cuánta gente conoce a Dioscórides, o a Hipócrates?

—Ya veo. Ya *veo.* Quieres decir que no poseéis ningún secreto realmente *mágico,* ningún poder realmente *sobrenatural.*

—Exacto.

—Pero entonces, ¿por qué guardáis tan en secreto esa falta de secreto, valga el juego de palabras?

—Porque mientras crean que tenemos conocimientos y poderes sobrenaturales, nos temerán y, hasta cierto punto, nos respetarán. Si no fuera por ese temor, ya estaríamos todas muertas o encerradas.

Ulrico asintió lentamente con la cabeza, pensativo.

—No pareces muy contento de haber alcanzado por fin tu objetivo —observó Melania—. Hay muy pocos hombres que sepan lo que tú sabes ahora.

—No sé, estoy confundido —dijo Ulrico tras una pausa—. En cierto modo, siempre había sospechado lo que me acabas de revelar. Pero a la vez tenía la vaga esperanza de descubrir algún día algo maravilloso...

—¿Algo así como una escoba voladora?

—Bueno, ¿por qué no? Me encantaría volar montado en una escoba.

—¡Y a mí también! —rio Melania—. Pero hay cosas mucho más maravillosas que ésa, querido Ulrico. El hecho de que el Sol y la Luna floten en el cielo, ¿no es más maravilloso que una escoba voladora? O que de una diminuta semilla salga un árbol, o que un simple huevo se convierta en un pájaro... ¿Puede haber magia mayor que ésa?

—Es cierto —admitió el enano—. Como tú decías, se trata de *mirar* correctamente. Me has enseñado mucho, reina de las hadas, y te estoy muy agradecido. Hasta empiezas a parecerme hermosa...

—Porque lo soy —dijo ella con su aguda risita—. Eso es que estás aprendiendo a ver las cosas tal como son en realidad.

—¿Y qué haré ahora que mi viaje ha terminado? —se preguntó Ulrico en voz alta.

—Tu viaje acaba de empezar, jovencito. Te crees muy listo, pero aún tienes mucho que aprender.

—Ya lo sé. Pero no sé adónde ir ni por dónde empezar. Podrías darme algún consejo...

—El único consejo que puedo darte es el de que acudas a mejores consejeros que yo. Escucha a los muertos, Ulrico. Y a los vivos también, claro.

—Siempre he procurado leer cuantos libros caían en mis manos —dijo el enano.

—No esperes a que caigan en tus manos —replicó ella mirándolo fijamente a los ojos—. Búscalos con fervor, con tenacidad, como el caballero que busca el Grial, como el niño perdido que busca a su madre...

Ulrico se acordó de su encuentro con Carlín de Bolonia y del proyecto de formar una gran biblioteca. Tal vez fuera ésa la respuesta, reunir los conocimientos dispersos como quien reúne y ordena las teselas multicolores de un mosaico...

Como si leyera sus pensamientos, Melania continuó:

—Vivimos tiempos oscuros, Ulrico. El saber está disperso y fragmentado, y la superstición y la ignorancia reinan por doquier. En la antigüedad hubo florecientes comunidades de sabios, como las de Atenas y la Magna Grecia, y grandes bibliotecas como la de Alejandría. Pero ahora es difícil ver una docena de libros juntos. Qué digo, es difícil ver un solo libro... Si no fuera por nosotras, las brujas, y por los pacientes monjes que se dedican a copiar en la paz de los monasterios los textos de la antigüedad, acabaríamos hundiéndonos en la barbarie, si es que no lo hemos hecho ya... Busca la amistad de los libros, Ulrico. Ellos serán tu escoba voladora, tu alfombra mágica. Con ellos recorrerás el tiempo y el espacio. Con ellos viajarás a través de los sueños, las conquistas y las esperanzas de la humanidad... Y ahora vete de una vez, pequeñajo; tienes mucho que hacer, y yo también...

El mago Teofrasto

Ulrico llevaba más de dos semanas vagando por la Selva Negra y aún no había encontrado el menor indicio que le permitiera hacerse una idea de dónde podía estar el castillo de Teofrasto, o cerciorarse de que existía realmente. Pero puesto que Melania le había convencido de que tenía que buscar libros, prefería buscarlos todos juntos que de uno en uno, y, por lo que le había dicho Carlín de Bolonia, la biblioteca de Teofrasto tal vez fuera la mayor del mundo. Si existía, claro.

Ulrico, que podía ser tenaz hasta la obstinación, estaba decidido a recorrer la Selva Negra palmo a palmo, aunque ello le llevara años, con tal de dar con Teofrasto o convencerse de que no existía. Pero no tuvo que esperar tanto.

Una mañana, mientras estaba lavándose en un riachuelo, su finísimo oído captó un leve ruido procedente de unos matorrales, un ruido que no parecía debido al viento ni al movimiento de un animal pequeño.

—Vamos, sal de ahí, sé que me estás observando —gritó fingiendo una total tranquilidad, aunque no las tenía todas consigo.

De detrás de los matorrales salió un enano algo más bajo que él, de enmarañada cabellera y poblada barba.

—¿Cómo has podido verme? ¿Eres un mago? —preguntó con recelo.

—No, hermano —contestó Ulrico riendo—. No sabía si eras una persona, un ciervo o un jabalí. Pero no perdía nada probando. Me alegro de que no seas un jabalí.

—¿Qué haces por aquí? —preguntó el otro, algo menos receloso—. Poca gente se adentra en esta parte de la selva.

—Busco un castillo —contestó Ulrico—. ¿Y tú?

—Yo vivo aquí. Soy un nibelungo —dijo el otro con orgullo.

—Creía que los nibelungos se habían extinguido —comentó Ulrico con asombro.

—Pues ya ves que no. ¿Qué castillo buscas?

—El de Teofrasto —contestó Ulrico.

El nibelungo hizo con la mano izquierda

un nervioso gesto para ahuyentar a los malos espíritus y dijo:

—Pues te aconsejo que dejes de buscarlo, hermano, no vaya a ser que lo encuentres.

—¿Por qué? ¿Tan peligroso es?

—Teofrasto es un mago loco. Guarda sus polvorientos libros como nuestros antepasados guardaban su fabuloso tesoro, y a quien se acerca a su negro castillo lo convierte en piedra.

—Si guarda sus libros con tanto celo será porque son muchos y muy valiosos —comentó Ulrico con vivo interés.

—Muchos no, *todos* —dijo el nibelungo.

—¿Todos? ¿Quieres decir *todos* los libros del mundo?

—Sí, todos. Tiene una legión de trasgos copistas que trabajan para él. Cada vez que alguien escribe un libro, un trasgo lo copia a escondidas para Teofrasto.

—Muy interesante... ¿Podrías decirme dónde está su castillo? —preguntó Ulrico con mal disimulada ansiedad.

—Podría decírtelo, sí, pero con ello no te haría ningún favor.

—Por el contrario, me harías un favor grandísimo, a cambio del cual prometo no decirle a nadie dónde os ocultáis los nibelungos.

—Y si no te lo dijera, ¿revelarías nuestro secreto?

—No, tampoco lo haría —reconoció Ulrico—. Pero si me lo dices te daré mi palabra, de enano a enano, y así estarás completamente seguro de que no me iré de la lengua.

La palabra que un enano daba a otro era sagrada, de modo que el nibelungo dijo:

—De acuerdo, de acuerdo. Al fin y al cabo, si quieres meterte en la boca del lobo es asunto tuyo. Yo ya te he advertido... Sigue el curso del arroyo durante unas cuatro leguas y llegarás a un remanso. A partir de allí tienes que caminar hacia Levante unas diez leguas más, y luego...

La biblioteca universal

Siguiendo las indicaciones del nibelungo, Ulrico llegó por fin a una hondonada cubierta de árboles tupidos pero no muy altos.

«Si aquí hubiera un castillo se vería asomar por encima de las copas de los árboles», pensó desconcertado. Pero como, por otra parte, era inconcebible que el nibelungo le hubiera mentido en un pacto de honor entre enanos, decidió explorar el lugar de todos modos.

Y cuando llegó al centro de la hondonada no pudo reprimir una exclamación de asombro. En medio de un claro perfectamente circular se alzaba un castillo de piedra negra rodeado por un ancho foso. Aunque «se alzaba» no era la expresión más adecuada, pues el castillo era tan bajo que parecía hundido en el agua que lo rodeaba. Su torre más alta no llegaba a los diez metros, y por eso no sobresalía de los árboles circundantes.

«Muy astuto», pensó Ulrico. «Escondiendo un castillo en un bosque no muy alto, se consigue que nadie lo busque ahí, pues uno cree que debería verlo desde lejos.»

El achaparrado castillo de piedra negra resultaba bastante amenazador, impresión a la que contribuían no poco sus sinestras gárgolas, que probablemente habían inspirado la leyenda de que Teofrasto convertía en piedra a los intrusos.

—¡Ah del castillo! —gritó el enano haciendo bocina con las manos, como es de rigor en estos casos.

Nadie contestó. Ningún sonido rompió el extraño silencio de aquel paraje, donde ni siquiera se oía el canto de los pájaros o el gemido del viento.

Entonces Ulrico se encaminó resueltamente hacia la puerta del castillo, sorprendiéndose de que el puente levadizo estuviera bajado y nadie saliera a cortarle el paso. Cruzó el amplio portalón y se halló en un oscuro y desierto vestíbulo.

—¿No hay nadie? —gritó un par de veces, y, al no obtener más respuesta que el eco de su voz, cruzó el vestíbulo y bajó por una escalera que había al fondo, dispuesto a explorar el lugar.

Llegó así a una enorme estancia totalmente atestada de libros y pergaminos, y comprendió que estaba en la fabulosa biblioteca de Teofrasto. Le sorprendió haber llegado hasta allí sin dificultad, pues el nibelungo le había dicho que el mago guardaba sus libros con extraordinario celo y no permitía que nadie se acercara.

Todavía no se había repuesto de su sorpresa inicial cuando una sonora carcajada lo sacó bruscamente de su ensimismamiento. Se volvió para hallarse ante la imponente figura de Teofrasto, con su larga barba blanca y su no menos larga ni menos blanca cabellera, que caía sobre sus hombros como una capa. Escoltaba al mago un enorme lobo negro que tenía los ojos fijos en Ulrico y enseñaba los dientes gruñendo sordamente.

—Has caído en la trampa arrastrado por tu codicia —sentenció Teofrasto.

—¿A qué te refieres? —preguntó Ulrico, sinceramente asombrado—. He hecho un largo viaje para visitarte, y al ver la puerta abierta he entrado a averiguar qué ocurría. ¿Es así como recibes a un viajero que viene a verte amistosamente?

—¡Mientes! —rugió Teofrasto—. Querías

robarme mis secretos, igual que los demás, y ahora eres mi prisionero.

Según el código de los magos, quien sorprendía a otro intentando adueñarse de sus descubrimientos tenía derecho a exigirle una compensación proporcional al robo intentado por él. Ulrico comprendió que de nada le valdría insistir en sus protestas de inocencia, ya que no tenía más defensa que su palabra y las circunstancias le hacían parecer sospechoso.

—Está bien —dijo con un gesto de resignación—. Aunque tus acusaciones son totalmente injustas, supongo que será más fácil cumplir tu condición para obtener mi libertad que convencer de mi inocencia a un viejo desconfiado y testarudo como tú. ¿Qué he de hacer para que me dejes libre?

Teofrasto rio maliciosamente.

—Puesto que pretendías apoderarte de mi biblioteca, la reparación más justa es que la completes.

—¿Qué quieres decir con eso?

—Muy sencillo. Tal vez hayas oído decir que en mi biblioteca están todos los libros del mundo, pero no es cierto. En realidad, faltan muchísimos. Cuando la completes, serás libre.

—¡Pero eso es imposible! —protestó Ulrico—. Ni en cien años podría recopilar todos los libros que te faltan.

—No te preocupes —rio Teofrasto—. Los de tu especie gozáis de una extraordinaria longevidad, y además entre mis hallazgos hay un filtro que prolonga la vida, así que tiempo no te faltará.

Ulrico se dio cuenta de que estaba metido en un buen lío, pero no perdió la calma. Permaneció un buen rato en silencio, buscando mentalmente la forma de salir de la trampa en que Teofrasto le tenía atrapado.

Según el código de los magos, podía poner una contracondición razonable, así que dijo:

—Está bien, completaré tu biblioteca si tú ordenas los volúmenes.

—Eso es bastante razonable —admitió Teofrasto riendo de nuevo—. En cuanto acabes de reunir los libros, me pondré a ordenarlos.

—Otra cosa —dijo Ulrico—. Para mayor comodidad, podré dividir cada obra en varios tomos.

—En tantos tomos como quieras —aceptó Teofrasto—. Así serán más manejables.

Lanzó una sonora carcajada y luego añadió:

—No es que no me fíe de tu palabra,

pero, por si alguna vez sintieras la tentación de romper tu compromiso, te advierto que, tras haberte olido, Orco, mi lobo, podría encontrarte en el rincón más apartado del mundo.

Hizo una pausa deliberada para que Ulrico pudiera sopesar las implicaciones de sus palabras, y luego añadió:

—Ahora te dejo tienes mucho trabajo.

Y dicho esto se marchó seguido por su temible lobo, y sus carcajadas resonaron en los desiertos corredores del castillo.

Al día siguiente Ulrico descendió a los sótanos más profundos, donde Teofrasto estaba ocupado en extraños experimentos.

—Buenos días —le saludó su sombrío anfitrión—. ¿Aún no has partido a comenzar tu tarea?

—Por el contrario, Teofrasto —replicó Ulrico con una sonrisa—, ya la he terminado.

—¿Eh? ¿Pretendes burlarte de mí, jovencito? —Ulrico tenía casi cuarenta años, pero para Teofrasto, que había dejado atrás los ochenta, aquel enano de rojo cabello y barba hirsuta era poco más que un mozalbete.

—En absoluto. Ven a la biblioteca y juzga por ti mismo.

Teofrasto vaciló. El aplomo del enano le

hizo pensar que tal vez tuviera unos recursos insospechados.

—¿Te has valido acaso de alguna poderosa magia? —preguntó con recelo.

—De la más poderosa —respondió Ulrico con una sonrisa enigmática.

Sin más comentarios, subieron a la biblioteca. Una vez allí, Teofrasto miró a su alrededor, pero sus expertos ojos no distinguieron ni un solo volumen que no estuviera previamente.

—Me has engañado. Aquí no hay nada nuevo.

—Te equivocas —replicó Ulrico—. Mira encima de aquella mesa.

Teofrasto se dirigió hacia donde el enano le indicaba: una mesita sobre la que no había nada excepto una especie de baraja.

—¿Qué clase de broma es ésta? —exclamó Teofrasto, cogiendo la baraja.

En el anverso de cada naipe había una letra distinta, y en el reverso un número romano.

—Ahí están todos los libros del mundo —dijo Ulrico enfáticamente—, incluso los que no han sido escritos todavía. Sólo que, tal como convinimos, cada obra está desglosada en varios tomos que hay que ordenar...

—¿De qué tomos me hablas? —le cortó el mago indignado—. Aquí no hay más que una colección de letras numeradas.

—Vamos a ver —dijo Ulrico—, ¿qué extensión ha de tener un tomo?

—Pues... la que uno quiera —contestó Teofrasto con un encogimiento de hombros.

—Exacto. Teóricamente, se puede dividir un libro de cien páginas en diez tomos de diez páginas cada uno, ¿no es cierto?

—Por supuesto. Sería una tontería, pero...

—No estamos hablando de lo que es razonable o conveniente hacer —le cortó Ulrico—, sino de lo que es *posible.* Si yo divido un libro de cien páginas en diez tomos de diez páginas cada uno, sigue siendo el mismo libro y se puede leer igual, con tal de ordenar los tomos correctamente.

—Por supuesto —admitió Teofrasto.

—Pues bien —continuó Ulrico—, si puedo dividir un libro de cien páginas en diez tomos de diez páginas cada uno, también lo puedo dividir en cien tomos de una página.

—Sí —reconoció el mago—. Eso sería aún más absurdo, pero evidentemente se puede hacer.

—De hecho, es algo que a menudo sucede accidentalmente –señaló Ulrico–. Cuando un libro se desencuaderna por el uso y sus hojas quedan sueltas, es como si hubiera quedado dividido en tantos tomos como hojas tiene.

–Me parece que te estoy viendo venir –dijo Teofrasto.

–Pero el libro todavía se puede dividir en más «tomos» –continuó Ulrico–. Si en una hoja escribo la primera palabra del libro, en otra la segunda, en otra la tercera, y así sucesivamente, habré dividido el libro en tantas hojas como palabras tenga, y si las hojas están sueltas puedo considerar que cada una es un tomo... Supongamos que en cada página de un libro de cien páginas hay cien palabras: tendríamos un total de diez mil tomos de una sola hoja con una sola palabra cada uno. Podrá parecer absurdo dividir un libro de esta forma, pero es *posible.*

–Sí, tengo que admitirlo –reconoció Teofrastro.

–Pues bien, aún podemos ir un paso más lejos –afirmó el enano–. Podemos dividir cada palabra en las letras que la componen y escribir cada letra en una hoja distinta, y considerar que cada hoja es un tomo... Y eso es lo que he hecho yo. Puesto que acordamos que podía dividir cada obra en tantos tomos como quisiera, he decidido, como enano que soy y amante de lo diminuto, hacer los «tomos» lo más pequeños posibles, y por tanto he hecho «tomos» de una sola letra.

»Como verás, el tomo I de nuestra inagotable biblioteca es la letra *A,* el tomo II la *B* y así sucesivamente. También hay un naipe (perdón, un tomo) para la coma, otro para el punto y otros tantos para los demás signos de puntuación. Ah, y también hay un naipe (perdón, un tomo) en blanco para indicar el espacio entre dos palabras consecutivas.

»Ahora sólo falta ordenar los tomos de esta maravillosa biblioteca universal cada vez que uno lea un libro, pero eso ya no es tarea mía. Por ejemplo, para leer el *Épodo II* de Horacio, que como sabes empieza diciendo: "Beatus ille qui procul negotiis...", hay que empezar leyendo el tomo II, que corresponde a la letra *B;* luego el V, que es la *E;* luego el I, que es la *A,* y a continuación el XX, el XXI y el XIX, que corresponden, respectivamente, a la *T,* la *U* y la *S.* Después el lector buscará el tomo XXX, que como verás está en blanco y sirve para advertir que la primera palabra ha terminado y comienza una nueva...»

Teofrasto profirió una estruendosa carcajada. Evidentemente, sabía perder.

—Eres en verdad astuto —admitió—. Me has cazado en mi propia trampa.

—Preferiría haberte convencido de mis buenas intenciones —dijo Ulrico.

—Y lo has hecho —reconoció Teofrasto—. Tu serenidad y entereza son la mejor prueba de tu honradez. Y puesto que ya has cumplido tu «colosal» tarea, te daré libre acceso a mi biblioteca, en la que ahora, gracias a tu ingenioso ardid, están, como dice la leyenda, todos los libros del mundo...

Más tarde, mientras desempolvaban y ordenaban viejos manuscritos entre montañas de libros, con sus dos barbas, antes tan distintas (blanca y sedosa una, roja e hirsuta la otra), igualadas por el polvo gris que las cubría, Teofrasto le preguntó a Ulrico:

—Aclárame una cosa: ¿por qué has dicho antes que habías usado una poderosa magia para superar la prueba?

—Porque es cierto —respondió el enano—. La magia más poderosa, la única que, como tú bien sabes, realmente funciona: la inteligencia.

Índice

CARLO FRABETTI

Carlo Frabetti es italiano (Bolonia, 1945), pero vive en España y escribe habitualmente en castellano. Escritor y matemático, cultiva asiduamente la divulgación científica y la literatura infantil y juvenil. Ha publicado más de treinta libros, entre los que destacan *El bosque de los grumos* y los protagonizados por el enano Ulrico *(La magia más poderosa, Ulrico los puertas que hablan, Ulrico y la llave de oro).* Ha sido galardonado con el Premio Jaén de Narrativa Juvenil por el libro titulado *El gran juego,* y fue finalista del mismo con *El ángel terrible* (todos ellos en Editorial Alfaguara). También ha creado, escrito y/o dirigido numerosos programas de televisión, como *La bola de cristal, El duende del globo y Colorín Colorado.*

ESTE LIBRO SE TERMINÓ DE IMPRIMIR EN LOS TALLERES GRÁFICOS DE RÓGAR, S. A., NAVALCARNERO (MADRID), EN EL MES DE FEBRERO DE 2011.